O ser humano
é um ser social

O ser humano
é um ser social

Marilena Chaui

FILOSOFIAS: O PRAZER DO PENSAR
Coleção dirigida por
Marilena Chaui e Juvenal Savian Filho

*Copyright © 2013, Editora WMF Martins Fontes Ltda.,
São Paulo, para a presente edição.*

1ª edição 2013
2ª tiragem 2022

Acompanhamento editorial
Helena Guimarães Bittencourt
Revisões
*Letícia Braun
Solange Martins*
Edição de arte e projeto gráfico
Katia Harumi Terasaka
Produção gráfica
Geraldo Alves
Paginação
Moacir Katsumi Matsusaki

Dados Internacionais de Catalogação na Publicação (CIP)
(Câmara Brasileira do Livro, SP, Brasil)

Chaui, Marilena
  O ser humano é um ser social / Marilena Chaui. – São Paulo : Editora WMF Martins Fontes, 2013. – (Filosofias : o prazer do pensar / dirigida por Marilena Chaui e Juvenal Savian Filho)

  ISBN 978-85-7827-678-2

  1. Antropologia filosófica 2. Desenvolvimento humano 3. Pensamento 4. Reflexões 5. Seres humanos I. Savian Filho, Juvenal. II. Título. III. Série.

13-02983   CDD-128

Índices para catálogo sistemático:
  1. Ser humano : Antropologia filosófica   128

Todos os direitos desta edição reservados à
Editora WMF Martins Fontes Ltda.
*Rua Prof. Laerte Ramos de Carvalho, 133 01325.030 São Paulo SP Brasil
Tel. (11) 3293.8150 e-mail: info@wmfmartinsfontes.com.br
http://www.wmfmartinsfontes.com.br*

SUMÁRIO

Apresentação • 7
Introdução • 9

1 Por natureza ou por instituição? • 11
2 Comunidade ou sociedade? • 25
3 A determinação econômica da sociedade • 34
4 O ser da sociedade: a divisão social • 58
5 O ocultamento da divisão social • 69
6 O ser da sociedade como questão histórica • 93
7 A sociedade democrática • 102

Ouvindo os textos • 113
Exercitando a reflexão • 130
Dicas de viagem • 139
Leituras recomendadas • 142

APRESENTAÇÃO
Marilena Chaui e Juvenal Savian Filho

O exercício do pensamento é algo muito prazeroso, e é com essa convicção que convidamos você a viajar conosco pelas reflexões de cada um dos volumes da coleção *Filosofias: o prazer do pensar*.

Atualmente, fala-se sempre que os exercícios físicos dão muito prazer. Quando o corpo está bem treinado, ele não apenas se sente bem com os exercícios, mas tem necessidade de continuar a repeti-los sempre. Nossa experiência é a mesma com o pensamento: uma vez habituados a refletir, nossa mente tem prazer em exercitar-se e quer expandir-se sempre mais. E com a vantagem de que o pensamento não é apenas uma atividade mental, mas envolve também o corpo. É o ser humano inteiro que reflete e tem o prazer do pensamento!

Essa é a experiência que desejamos partilhar com nossos leitores. Cada um dos volumes desta coleção foi concebido para auxiliá-lo a exercitar o seu pensar. Os temas foram cuidadosamente selecionados para abordar os tópicos mais importantes da reflexão filosófica atual, sempre conectados com a história do pensamento.

Assim, a coleção destina-se tanto àqueles que desejam iniciar-se nos caminhos das diferentes filosofias como àqueles que já estão habituados a eles e querem continuar o exercício da reflexão. E falamos de "filosofias", no plural, pois não há apenas uma forma de pensamento. Pelo contrário, há um caleidoscópio de cores filosóficas muito diferentes e intensas.

Ao mesmo tempo, esses volumes são também um material rico para o uso de professores e estudantes de Filosofia, pois estão inteiramente de acordo com as orientações curriculares do Ministério da Educação para o Ensino Médio e com as expectativas dos cursos básicos de Filosofia para as faculdades brasileiras. Os autores são especialistas reconhecidos em suas áreas, criativos e perspicazes, inteiramente preparados para os objetivos dessa viagem pelo país multifacetado das filosofias.

Seja bem-vindo e boa viagem!

INTRODUÇÃO
"Nenhum ser humano é uma ilha"

Certamente você já ouviu uma afirmação como essa do título. Ou, ainda, a de que "uma andorinha sozinha não faz verão". Também se diz que "a família é a célula da sociedade", porque o ser humano seria gregário.

Em geral, essas expressões servem para defender a tese de que o ser humano é naturalmente um ser social. Ele não teria decidido viver em sociedade, mas viveu assim desde que surgiu, porque isoladamente não sobrevive. Mas você já se perguntou se essa opinião faz sentido?

Faz sentido dizer que algo é "natural" somente porque não foi "decidido"? Qual a fronteira entre o natural e o decidido? Entre o natural e o cultural? Mas como os seres humanos poderiam "decidir" viver em sociedade se eles nunca viveram sem ela para poder escolher adotar essa forma de vida? E o fato de que historicamente os humanos sempre viveram em sociedade significa que isso é um dado da Natureza, assim como a necessidade de alimentar-se ou respirar?

Por outro lado, faria sentido dizer que os seres humanos foram livres em sua criação da vida social? Como alguém pode ser livre para escolher algo sem o qual ele não sobrevive? Isso é possível?

Essas perguntas, simples em sua forma, contêm debates muito instigantes e complexos. Neste livro procuramos tocar em alguns deles, os mais importantes, para lhe permitir conhecer não somente o que é a vida em sociedade, mas, mais do que isso, refletir sobre por que e como levantamos essas questões.

1. Por natureza ou por instituição?

A vida social é uma forma determinada de relação de coexistência entre seres humanos em conformidade com símbolos, práticas, crenças, costumes, valores, regras, normas e leis que definem a identidade de cada um dos participantes da relação, definindo as maneiras como se relacionam e o sentido que conferem às suas ações recíprocas. Interiorizados, esses símbolos, práticas, crenças etc. tornam-se obrigatórios para todos os participantes.

Dizer que o ser humano é um ser social pode ser entendido de duas maneiras distintas:

1) na primeira, afirma-se que o ser humano é naturalmente um ser social, pois a sociabilidade seria um dado ou um fato natural; assim, *por natureza o homem é um animal social*;

2) na segunda, afirma-se que o ser humano distancia-se da vida natural compartilhada com os ani-

mais quando cria formas de vida reguladas por símbolos, normas e valores que permitem uma existência em comum; a sociedade, portanto, seria instituída pela ação humana, o que significa que *o ser humano se torna um ser social.*

Essa distinção tem sido objeto de discussão desde o início da Filosofia: já entre os pensadores gregos, alguns, como Aristóteles (384-322 a.C.), os estoicos e o romano Cícero (106-43 a.C.), consideravam o ser humano um ser naturalmente social, ao passo que outros, como os sofistas, os epicuristas e o romano Lucrécio, afirmavam que a vida social é instituída pelos humanos por meio de convenções (regras, normas, costumes, crenças, valores) aceitas por todos os participantes de um mesmo grupo.

Posteriormente, a afirmação de que o ser humano é social por natureza apareceu nas teorias de juristas e pensadores medievais. De modo geral, consideravam que, desde o princípio do mundo, Deus organizou a ordem da Natureza, na qual o ser humano está incluído, decretando para todos os seres criados o direito natural sob duas formas, a subjetiva e a objetiva. O direito natural subjetivo seria o sentimento espontâneo e racional que todos e cada um dos seres humanos têm da justiça (ou o respeito pela diferença entre o "meu" e o "teu") e que os leva a viver naturalmente em sociedade. Por sua vez, o direito natural objetivo seria a ordem jurídica que Deus impôs à Natureza e a todas as criaturas, isto é, a justiça divina que governa o mundo natural e humano, impondo-lhes uma ordem hierárquica em que cada ser possui um lugar natural que o obriga a obedecer ao superior e submeter o inferior, lugar de onde ser algum jamais pode sair tanto na esfera sobrenatural (a hierarquia celeste) como na Natureza (a hierarquia natural determina a ordem imutável que distribui os seres conforme neles se organize a relação entre uma matéria e uma forma) e na sociedade (a hierarquia determina a ordem imutável que organiza a vida social e política). Em resumo, por decreto divino, a sociedade estaria naturalmente criada desde o começo do mundo e, sob essa perspectiva, o homem seria um ser social por natureza.

Essa naturalidade foi reafirmada no século XIX por Augusto Comte (1798-1857), ao propor a criação de uma nova ciência: a *Sociologia* (palavra inventada por ele na obra *Curso de filosofia positiva*), à qual caberia demonstrar, com dados empíricos observáveis e informações históricas, que o ser humano, por ser dotado afetivamente do "instinto de simpatia", é um ser social por natureza, jamais vivendo isolado. A primeira célula da sociabilidade não seria uma relação qualquer entre indivíduos, mas sim a família, e a última, a pátria. Família e pátria manifestariam os dois traços constitutivos da sociedade, quais sejam, a cooperação e a hierarquia, expressões racionais do "instinto de simpatia".

A Sociologia, afirma Comte, abarcaria num único olhar todos os humanos de todos os tempos, do passado, do presente e do futuro, e permitiria conhecer a história da Humanidade encontrando a lei que a regula e dirige, a "lei dos três estados", coração da filosofia positivista ou do Positivismo. Essa lei enuncia que a Humanidade passa sucessivamente por três idades mentais ou três estados: o estado teológico ou fetichista, no qual os seres humanos explicariam os fenômenos naturais e os acontecimentos referidos diretamente a entidades sobrenaturais que os produzem; o estado metafísico, no qual a realidade seria percebida em sua regularidade e esta, por sua vez, seria explicada pela ação de forças abstratas (substância, acidente, essência, causalidade, vontade, finalidade etc.); e o estado positivo, momento final da evolução humana, quando a realidade seria explicada cientificamente por meio do princípio de causalidade. A cada um desses estados corresponderia uma forma de sociedade – ou a *ordem* –, e a passagem de uma a outra constituiria o *progresso*. A sociedade positiva ou científica seria aquela que realiza da melhor maneira a exigência de ordem e progresso, porque seria a sociedade verdadeiramente racional.

A afirmação da naturalidade do social é reforçada pelos procedimentos teóricos propostos por Comte para a Sociologia. De fato, definida como "física social", a Sociologia, no dizer de Comte, divide-se em estática e dinâmica. No entanto, essa divisão não se inspira na Física, e sim na Biologia: a sociedade é concebida como um organismo, e a estática seria o estudo da organização das partes (à maneira da Anatomia), enquanto a dinâmica estudaria as funções dessas partes ou o seu funcionamento (à maneira da Fisiologia). A sociedade, assim, seria um dado natural, isto é, um organismo coletivo, e a Sociologia, a teoria desse organismo.

Nas várias concepções aqui mencionadas, a defesa da ideia de que o ser humano é por natureza um ser social leva a considerar a família como prova da naturalidade da vida social, ou seja, seria a própria Natureza que nos levaria à vida social ao fazer-nos seres que só podem viver e sobreviver na companhia de outros. Mais do que isso. Diferentemente dos outros animais, o ser humano necessitaria de um tempo mais longo para sobreviver por sua própria conta, dependendo dos cuidados contínuos da mãe, e, dessa maneira, acostumar-se-ia a estreitar os laços naturais com seus semelhantes e a dar permanência a tais laços. Supõe-se, assim, que a família é a primeira célula natural da sociabilidade; ao expandir-se em muitas famílias ou células reunidas num mesmo espaço, dá início à sociedade propriamente dita ou ao corpo social.

Ora, se examinarmos a noção de família, notaremos que essa palavra possui sentidos muito variados.

Em nossas formas de vida atuais, por exemplo, a família é a chamada família nuclear ou conjugal, formada por marido, esposa e filhos, e, por extensão, inclui os parentes consanguíneos, isto é, avós paternos e maternos, tios, tias, primos e primas, sobrinhos e sobrinhas maternos e paternos. No entanto, na Grécia e Roma antigas, por exemplo, a família era formada não só por esses elementos, mas incluía também os escravos, os clientes (dependentes econômicos), os bens imóveis (as terras com o gado e as plantações, os edifícios da casa, dos estábulos e dos celeiros) e os bens móveis (dinheiro, joias, vestuário, calçado, armas, mobiliário, utensílios domésticos, instrumentos agrários, veículos de transporte). Ou seja, família era uma unidade econômica, como indica a palavra grega que a denomina, *oîkos*, de onde deriva a palavra *oikonomía*, economia. Além disso, no nosso caso, as relações familiares são reguladas pelas leis públicas, mas naquelas famílias antigas a lei era a vontade do pai, que tinha poder de vida e morte sobre todos os seus membros.

Os estudos da Antropologia Social, por sua vez, mostram uma grande variação quanto ao que diferentes culturas entendem por família, dependendo da forma assumida pelo chamado *sistema de parentesco*. Assim, em certas culturas a família é endogâmica, isto é, formada pelo casamento entre membros do mesmo grupo, mas em outras é exogâmica, isto é, decorrente de sistemas de alianças entre grupos diferentes. Além disso, há culturas nas quais a família é matrilinear, isto é, organizada pela posição ocupada pela mãe no sistema de parentesco, e outras em que é patrilinear, quando definida pela posição ocupada pelo pai no sistema de parentesco.

Assim, embora a procriação seja um fato universal (que os humanos compartilham com os animais) e apesar de a existência da família também ser universal, a multiplicidade de formas e significados da família leva-nos, entretanto, a indagar se ela é efetivamente algo natural ou se é uma instituição humana. Em outras palavras, ainda que a Natureza tenda a operar de maneira sempre idêntica e regular em toda parte e em todo tempo – pois as leis da Natureza são universais –, podemos indagar se não é um fato surpreendente que, no caso da família, tenhamos de considerar as leis naturais como variáveis e mesmo opostas. Ou seja, seriam efetivamente leis *naturais*?

Essa mesma indagação pode ser suscitada quando observamos não o sistema de parentesco (como fizemos acima), e sim a variação da divisão do trabalho no interior dessas diferentes formas da família. Em certas culturas, a agricultura, a tecelagem e os serviços domésticos ficam a cargo das mulheres, enquanto a caça, a pesca e a guerra são ocupações dos homens; há, porém, culturas em que se dá exatamente o inverso, de maneira que não se poderia dizer que há ocupações naturalmente femininas e outras naturalmente masculinas. Além disso, cada uma das culturas justifica para si mesma a divisão do trabalho por meio das significações atribuídas ao feminino e ao masculino, isto é, pelo sentido que cada uma delas atribui à diferença sexual, de maneira que, embora a sexualidade seja natural, o significado que lhe é atribuído é instituído pelos humanos. Em outras palavras, a sexualidade *humana* não é um dado natural, e sim uma *simbolização* da diferença sexual posta pela Natureza.

A simbolização da diferença sexual levou o antropólogo Claude Lévi-Strauss (1908-2009) a buscar o processo que deu origem à família como instituição humana. Ele o encontrou numa regra praticamente universal: a proibição do incesto, isto é, uma convenção que determina quais as mulheres permitidas e quais as proibidas aos homens de um grupo, regra que não pode ser transgredida sob pena de castigos como a expulsão ou a morte. Essa proibição, que simboliza o sexualmente permitido ou proibido aos humanos, seria o que distingue a sexualidade natural e a instituída pelos seres humanos.

Mas a universalidade da proibição do incesto não significa, entretanto, que teríamos encontrado uma lei natural que fundaria a família como fato natural. Pelo contrário, aliás. Na verdade, dependendo das condições impostas à sobrevivência, a definição do incesto varia. Em outras palavras, há sociedades nas quais a proibição do incesto define as mulheres permitidas como as pertencentes ao mesmo grupo (trata-se da endogamia); porém, há outras sociedades em que a proibição do incesto determina que as mulheres proibidas são as que pertencem ao mesmo grupo, e as permitidas, as que pertencem a outros grupos, que se tornam aliados em decorrência dos laços de parentesco (trata-se da exogamia). Também dependendo das condições para a sobrevivência, há grupos que instituem como regra a poligamia, isto é, um homem deve ter várias esposas; em outros casos, é instituída a poliandria, isto é, uma mulher deve ter vários maridos; e, em sociedades como a nossa, a regra é a monogamia para homens e mulheres, de sorte que a poligamia e a poliandria são consideradas crimes e devem ser punidas.

Podemos observar, portanto, que a divisão social do trabalho, de um lado, e a lei da proibição do incesto ou a simbolização do significado da sexualidade, de outro lado, evidenciam que "família" é o nome dado à maneira como, em condições determinadas e diferenciadas, os seres humanos lidam com os dados da Natureza para instituir algo que não é posto pela própria Natureza.

Se, no entanto, a família for o primeiro momento da sociabilidade humana, como julgam alguns, então somos levados a concluir que, pelo trabalho e pela relação simbólica com a sexualidade, o homem é um ser que *se torna* social, isto é, institui por si mesmo e para si mesmo a vida em sociedade. Com efeito, cabe perguntar aqui: o que é *simbolizar*? É a capacidade humana para dar um sentido a todos os seres (humanos e não humanos), atribuindo-lhes significações e valores (útil ou nocivo, belo ou feio, bom ou mau, justo ou injusto, verdadeiro ou falso, desejável ou indesejável, legítimo ou ilegítimo, possível ou impossível etc.), e isso indica a capacidade humana para distanciar-se do que é dado imediatamente pela Natureza e para oferecer a todos os seres um sentido que não está naturalmente dado.

Talvez um fato simples, conhecido de todos, nos ajude a compreender que a vida social é resultado da ação humana em condições determinadas: a socialização das crianças. Com efeito, se fôssemos seres sociais por natureza, tornar-se-ia incompreensível que as crianças precisem aprender a adquirir e manter relações sociais com outros humanos. Além disso, cada sociedade estabelece maneiras diferentes para essa socialização, dependendo de como concebe a infância, pois, como mostram os antropólogos, ser criança entre os índios guarani não é o mesmo que sê-lo entre os índios trobriandeses (habitantes das Ilhas Trobriand, atualmente chamadas Ilhas Kiriwina, na Nova Guiné). Ou, como mostram os historiadores, não é o mesmo ser criança na Grécia e na Roma antigas, na Europa medieval e no Brasil do século XXI.

Para concluir este primeiro capítulo, em que levantamos a problemática da naturalidade ou convencionalidade da vida social, cabe uma referência mais demorada a Aristóteles, a quem a tradição filosófica sempre atribuiu a ideia de que a sociedade é natural ou que o homem é um ser social por natureza.

Com efeito, na *Ética nicomaqueia*, o filósofo afirma que há entre os homens afinidades naturais que os levam naturalmente a unir-se por laços de amizade. Esta seria a condição natural para a existência da *pólis*, a unidade política de organização do grupo social segundo o modelo das cidades-Estados gregas. A afinidade natural seria fundamento da amizade social ou política (cívica).

Ora, na obra intitulada *Política*, Aristóteles faz uma afirmação aparentemente paradoxal, declarando que "a Cidade (a *pólis*) é por natureza anterior ao indivíduo". Como pode a Cidade ser anterior a seus membros? E por que sua anterioridade é "por natureza"? Na verdade, o "anterior" a que se refere Aristóteles não é cronológico ou a suposição de que a Cidade existe temporalmente antes de seus membros. A anterioridade é ontológica, isto é, Aristóteles está afirmando que o ser humano só pode realizar seu ser ou sua natureza de animal racional dotado de linguagem se viver na *pólis*: a Cidade antecede o indivíduo no sentido de que ela é a condição primeira para que ele possa realizar seu ser próprio. Além disso, observemos que Aristóteles não se refere à vida urbana ou citadina tal como a conhecemos (por isso escrevemos Cidade, aqui, com "c" maiúsculo), e sim à *pólis*, isto é, à vida política, à sociedade politicamente organizada ou a *politeía*. De fato, Aristóteles definiu o ser humano como *zóon politikón*, isto é, animal político, e foi Cícero quem traduziu o termo grego *politikón* pelo termo latino *socialis*, donde "animal social".

Aristóteles enfatiza que a amizade, condição natural da Cidade, não se realiza sem mediações, ou seja, é modelada e dirigida pelas instituições e pelos costumes que definem uma *pólis* particular. Sabemos que, numa obra da qual restaram apenas alguns fragmentos, Aristóteles fez um estudo de todas as formas de *politeía* existentes nas cidades gregas, isto é, um estudo das diferentes formas pelas quais os humanos vivem social e politicamente, de maneira que a naturalidade do fundamento da *pólis* (a amizade ou afinidade natural entre os humanos) é inseparável da ação humana que institui determinada *politeía*. Em outras palavras, o "por natureza" aristotélico não exclui, e sim exige a ação humana instituinte do social.

2. Comunidade ou sociedade?

As Ciências Sociais introduziram a distinção entre duas formas de agrupamento humano: a comunidade e a sociedade.

Duas palavras latinas costumam ser empregadas para indicar a existência comunitária: *natio* e *patria*. *Natio*, a nação, vinda do verbo *nascor*, nascer, significa inicialmente a ninhada que possui a mesma mãe. *Patria*, a pátria, vem do substantivo *pater*, pai, e significa inicialmente todos os que possuem os mesmos antepassados e são parentes.

Essas duas palavras (*natio* e *patria*) indicam também que os membros de uma comunidade excluem dela os estrangeiros, isto é, os que pertencem a outras comunidades, havendo regras e normas a respeito da maneira de relacionar-se com eles na guerra e na paz. Uma comunidade, explicam os sociólogos, caracteriza-se pelo fato de que todos os seus membros possuem a mesma origem ou os mesmos ancestrais; as relações são pessoais, isto é, todos se relacionam face a face e tratam-se pelo nome, falam a mesma língua, cultuam os mesmos deuses, estão ligados por relações afetivas, seu território é geograficamente limitado (aldeia e conjunto de aldeias), a propriedade da terra e a dos instrumentos de trabalho são comunais, os produtos do trabalho são trocados diretamente entre os produtores, e, tendo o mesmo passado, todos acreditam possuir o mesmo futuro ou uma comunidade de destino. Para muitos sociólogos, a comunidade é um mundo homogêneo e, por isso, harmonioso e afetivo. Fala-se na boa e bela comunidade.

Diferentemente, dizem muitos sociólogos, a sociedade, designada em latim como *societas*, é derivada de *socius*, que significa companheiro, camarada, o indivíduo que se associa a outros. Enquanto a comunidade é tecida por relações pessoais diretas e de cunho afetivo, a sociedade é estruturada por um sistema de relações impessoais, determinadas por regras, normas e leis. Vista sob essa perspectiva, a sociedade é definida por Émile Durkheim (1858-1917), considerado o fundador da ciência da Sociologia, como exterior aos indivíduos, superior e anterior a eles, impondo-se a eles coercitivamente por meio de instituições (família, direito, educação, trabalho, moral, religião, técnica etc.).

Por sua vez, Max Weber (1864-1920) apresenta a distinção entre comunidade e sociedade, definindo a primeira como uma relação inspirada pelo sentimento subjetivo ou afetivo de seus participantes para constituir um todo; e a segunda como uma relação guiada por motivos racionais voltados seja para uma compensação de interesses entre os participantes, seja para uma união de seus interesses. Em outras palavras, o fundamento da comunidade seria a afetividade, enquanto o da sociedade seria a racionalidade dos fins da associação. Isso significa, portanto, que uma sociedade diferiria de uma comunidade por ter como referência a existência prévia de indivíduos isolados que decidiriam estabelecer relações recíprocas, as quais seriam determinadas por regras e normas impessoais, definidas pelos interesses dos indivíduos associados.

Podemos perceber, assim, que, do ponto de vista sociológico, a comunidade é tecida por relações pessoais diretas, ao passo que a sociedade é estruturada por um sistema de relações impessoais, determinadas por regras, normas e leis. Em outras palavras, a comunidade parece ser natural e espontânea, enquanto a sociedade é concebida como resultado de uma decisão humana e, portanto, como uma instituição.

Entendida sociologicamente como associação racional de indivíduos, essa concepção de sociedade precisa encontrar uma resposta coerente para um grave problema teórico. Com efeito, uma vez que se toma como ponto de partida a figura do indivíduo isolado, é necessário encontrar uma explicação para que os indivíduos passem do isolamento à sociedade.

Essa passagem já preocupava os pensadores antigos. É assim, por exemplo, que alguns pensadores da Antiguidade julgaram que a sociedade começa quando os homens abandonam a vida nômade e o sustento por meio da coleta de frutos e animais, passando à vida sedentária instituída pela agricultura, isto é, quando passam a cultivar em comum a terra e a distribuir entre si os produtos. Considera-se, portanto, que o trabalho socializa os homens. Outros, porém, como Cícero, julgaram que a vida social se inicia quando surge a figura do legislador que, usando a linguagem, profere o discurso das leis a que todos aceitam prestar juramento e obediência para viver em comum. Nesse caso, considera-se que a lei comum (ou o Direito civil) socializa os homens.

Distanciando-se dos antigos, desde o século XVII os pensadores ocidentais teorizaram a passagem do isolamento à sociabilidade introduzindo três noções básicas: a de estado de natureza, a de estado de sociedade (contraposto ao primeiro) e a de contrato social.

Sob essa perspectiva, duas grandes teorias rivalizaram na explicação da gênese da vida social: uma delas, elaborada no século XVII e cujo autor mais importante é Thomas Hobbes (1588-1679), afirma que os homens isolados vivem em estado de natureza numa guerra de todos contra todos, no medo constante da morte violenta – o homem seria o lobo do homem. Descobrem, porém, as desvantagens dessa situação em que prevalece o poder do mais forte e decidem ser mais vantajoso viver em paz, estabelecendo para isso um pacto ou um contrato social pelo qual aceitam renunciar à sua liberdade natural e transferir todo poder a um soberano que, por meio das leis, determina as relações sociais permitidas e as proibidas. Pelo contrato, e não por um instinto natural de sociabilidade, os homens passam do estado de natureza (isolamento e guerra) ao estado civil (a sociedade definida pelo Direito civil, instituído pelo poder soberano, isto é, o Estado).

A segunda teoria, elaborada no século XVIII por Jean-Jacques Rousseau (1712-1778), afirma que, em estado de natureza, os homens vivem isolados, espalhados pelas florestas, subsistindo com o que a Natureza lhes dá e comunicando-se pelo gesto e pelo canto, numa linguagem benevolente e generosa – o homem seria o bom selvagem. Essa situação de felicidade termina quando alguém cerca um terreno e diz "isto é meu", impedindo pela força que qualquer outro o ocupe. O surgimento da propriedade privada da terra instaura a desigualdade e, com ela, a guerra de todos contra todos, exigindo, ao fim e ao cabo, o contrato social para que se possa viver em paz. Com o contrato tem início o estado de sociedade e, com ele, o Estado ou a autoridade das leis.

Tanto numa teoria como na outra, em estado de natureza os indivíduos isolados são dotados de direito natural, entendido no sentido que lhe deram os filósofos estoicos, isto é, como o direito a tudo quanto a Natureza lhes permite ter, fazer e querer. Todavia, enquanto para os estoicos o direito natural exprimia a racionalidade da Natureza e do homem ou a vida humana conforme à razão divina que governa o universo e da qual os humanos são uma parcela, Hobbes concebe esse direito como desejo de posse e de poder, provocando a guerra de todos contra todos, enquanto Rousseau conserva a concepção estoica, mas julga que o surgimento da propriedade privada da terra destrói o direito natural e instaura a violência entre proprietários e não proprietários. Justamente porque tanto na teoria hobbesiana como na rousseauniana o estado de natureza se torna uma ameaça para os indivíduos, em ambas o estado de sociedade surge como resposta à guerra de todos contra todos, isto é, quando todos e cada um renunciam ao direito natural por meio do pacto ou contrato social, pelo qual renunciam fazer dano uns aos outros e aceitam transferir o poder a um terceiro: o soberano ou o Estado, com o qual nasce o direito conforme às leis, isto é, o Direito civil. Ao soberano cabem três poderes fundamentais: o poder de fazer e abolir as leis que regulam as relações sociais – família, propriedade, herança, comércio, educação, moral, política, religião etc. –, o poder sobre a vida e a morte dos membros da sociedade (com a punição dos crimes) e o poder de decidir sobre a guerra e a paz na relação com outras sociedades.

Ora, podemos indagar: quais condições teriam permitido a Hobbes e Rousseau elaborar essas teorias sobre a gênese da sociedade como passagem do estado de natureza ao estado de sociedade por meio de um contrato acordado entre os indivíduos?

A partir do século XVI, o pensamento moderno procurou romper com a tradição medieval, abandonando a noção de comunidade (ou a família como primeira célula da sociabilidade natural dos humanos) e criticando a concepção teológica do direito natural subjetivo e objetivo. O grande exemplo dessa ruptura no século XVI é a obra de Maquiavel e se completa, a partir do século XVII e no século XVIII, com o aparecimento das teorias modernas sobre a gênese da sociedade com base na figura dos indivíduos isolados e dispersos e com a introdução da ideia de pacto ou contrato social. Essas novas ideias coincidem com o advento do modo de produção capitalista, cuja realidade se mostrava incompatível com as ideias medievais de comunidade e hierarquia. Em outras palavras, os pensadores modernos estavam diante de uma realidade nova, o capitalismo comercial, que as antigas ideias eram incapazes de explicar.

Fazer esse tipo de observação significa dar atenção às condições teóricas e históricas que permitiram aos filósofos explicar a origem da vida social. Pode-se observar que, da perspectiva histórica, essas condições foram eminentemente de ordem econômica, pois o surgimento do capitalismo comercial, em substituição ao feudalismo, trouxe novidades que os hábitos mentais de então não conheciam.

Essa abordagem considera as causas materiais das transformações históricas e das ideias, levando a uma reinterpretação das filosofias e mentalidades, e, por conseguinte, da origem da vida social, com base nas mudanças econômicas. Os dois autores que a formularam foram Karl Marx (1818-1883) e Friedrich Engels (1820-1895). Com ambos, estamos diante de outro tipo de explicação para a gênese da sociedade, sem recorrer às noções de estado de natureza, direito natural, contrato social e Direito civil. E, ao mesmo tempo, diante de uma elaboração que nos permitirá compreender por que filósofos como Hobbes e Rousseau precisaram recorrer a essas noções.

3. A determinação econômica da sociedade

Os seres humanos, segundo Marx e Engels, distinguem-se dos animais não porque sejam animais racionais nem porque sejam naturalmente animais sociais, e sim porque, diferentemente dos demais seres, são capazes de *produzir* sua existência material e intelectual.

Essa produção não é uma escolha subjetiva feita livremente pelos seres humanos, mas depende de condições objetivas (geográficas, climáticas, biológicas etc.) que, por sua vez, seriam independentes da vontade humana. São condições natural e historicamente determinadas nas quais os humanos se encontram e que precisam enfrentar para sobreviver. Assim, *a sociedade é instituída pela maneira como os seres humanos produzem tanto sua existência material quanto as ideias por meio das quais simbolizam e representam essa existência.*

De início, a produção material e intelectual da existência humana depende de condições naturais (as do meio ambiente e as biológicas da espécie humana) e da procriação. Esta última não é apenas um dado biológico, mas já é social, pois decorre (como dirá mais tarde a Antropologia Social, como vimos) da maneira como é simbolizada a diferença dos sexos e do modo como se dão o intercâmbio e a cooperação entre os humanos. Assim, a maneira como, em circunstâncias determinadas, os humanos interpretam e realizam a diferença sexual determina o modo como farão a divisão sexual do trabalho, distinguindo entre trabalhos masculinos e femininos. Por seu turno, o modo de cooperação determina a divisão etária do trabalho, distinguindo entre trabalho juvenil, adulto e de velhice.

A produção e a reprodução das condições de existência realizam-se pela mediação do trabalho (relação com a Natureza), da divisão social do trabalho (intercâmbio e cooperação), da procriação (sexualidade e instituição da família) e do modo humano de apropriação da Natureza (a propriedade). Esse conjunto de condições institui, em cada época, a sociedade e o sistema das formas produtivas que a regulam, conforme a divisão social do trabalho.

Essa divisão, que começa no primeiro agrupamento, a família, com a diferença sexual e etária das tarefas, prossegue na distinção entre agricultura e pastoreio, entre ambos e o comércio, conduzindo à separação entre o campo (agricultura e pastoreio) e a cidade (artesanato e intercâmbio comercial). Essas distinções, que dependem das condições materiais e sociais do trabalho, tendem ao conflito, isto é, não são acontecimentos pacíficos, mas formas de luta pelo domínio da vida social – os exemplos bíblicos de Caim e Abel e de Esaú e Jacó, por exemplo, exprimem o conflito entre pastoreio e agricultura.

A divisão social do trabalho não é uma simples divisão de tarefas, mas a manifestação da existência de uma outra divisão, advinda do surgimento da *propriedade* como posse das condições do trabalho (por exemplo, a terra e as águas) e dos instrumentos do trabalho (por exemplo, o arado, a pá, a enxada, a foice, o martelo, o moinho). Aos poucos, a propriedade das condições e dos instrumentos do trabalho separa-se do próprio trabalho, ou seja, distinguem-se proprietários das condições e instrumentos de trabalho, de um lado, e não proprietários, de outro. Em outras palavras, surge a distinção entre senhores e servos ou entre senhores e escravos. A divisão entre proprietários e não proprietários determina não só a divisão social do trabalho, mas também a distribuição dos produtos do trabalho – servos e escravos não recebem o mesmo que os senhores. Em resumo, a propriedade introduz a diferença entre *meios sociais de produção* (condições e instrumentos de trabalho) e *forças produtivas* (o trabalho) e subordina estas últimas aos primeiros. Isso significa que o detentor da propriedade dos meios sociais de produção (condições e instrumentos de trabalho) tem o poder para organizar a forma da sociedade (instituir regras, normas, leis e valores que regem as relações sociais) porque tem o poder para determinar a forma do trabalho (comandar as forças produtivas) e a do consumo dos produtos (quem recebe o quê).

Evidentemente, o que dissemos acima não acontece de uma só vez nem de maneira completa, mas se realiza vagarosamente no correr de um longo tempo, isto é, na História. Analisando o percurso histórico de instituição das diferentes formas da propriedade dos meios sociais de produção, das diferentes formas de relação entre meios sociais de produção e forças produtivas, das diferentes formas da divisão social do trabalho decorrentes das formas de propriedade e das relações entre os meios sociais de produção e as forças produtivas – conjunto de determinações que Marx e Engels denominam *modos de produção* –, torna-se possível acompanhar a sequência do processo histórico no qual se instituem as diferentes formas de sociedade.

A propriedade dos meios sociais de produção (condições e instrumentos de trabalho) começa como propriedade tribal, e a sociedade tem a forma de uma comunidade (todos participam da força produtiva, isto é, todos trabalham). Essa comunidade é baseada na família, isto é, a comunidade é vista como a família ampliada, à qual pertencem todos os membros do grupo. Em lugar de a comunidade ser o lugar de uma bela homogeneidade afetiva, como julgou Comte e julgam muitos sociólogos, Marx mostra que na comunidade já prevalece a divisão social sob a forma da hierarquia, definida por tarefas superiores e inferiores, funções superiores e inferiores, consumo exclusivo de certos produtos e consumo comunitário de outros produtos e diferença de poderes. *A comunidade, portanto, não é natural nem é oposta à sociedade, e sim uma forma de sociedade historicamente determinada quando a propriedade dos meios sociais de produção é tribal.*

Com a multiplicação das comunidades e os conflitos entre elas (conflitos entre pastoreio, agricultura, comércio, artesanato etc.), a forma da propriedade se transforma: por meio da guerra e de pactos de submissão aos vencedores por parte dos vencidos, passa-se da propriedade tribal ou comunitária à propriedade de um único chefe, dirigente do conjunto das comunidades. A autoridade não se distribui entre as várias comunidades, mas se concentra nas mãos de um único proprietário, o governante, detentor do poder de Estado e identificado com o próprio Estado. A propriedade torna-se estatal, e o governante determina o modo das relações dos sujeitos sociais com ela: em certos casos (como na Índia, na China, na Pérsia), o Estado (isto é, os imperadores) é o proprietário único e permite aos súditos as atividades econômicas mediante pagamento de tributos, impostos e taxas; em outros casos (como nas antigas Grécia e Roma), o Estado (isto é, as assembleias gregas e o senado romano) cede, mediante certas regras, a propriedade da terra às grandes famílias, que se tornam proprietárias privadas dos meios sociais de produção. Seja como proprietários por concessão imperial, seja como proprietários por cessão estatal, a propriedade dos meios sociais de produção (condições e instrumentos de produção) torna-se *propriedade privada* e faz com que, agora, a sociedade se divida entre senhores e escravos (isto é, o trabalho ou a força produtiva). Nos grandes impérios orientais, os senhores ocupam-se da guerra e da religião; na Grécia e em Roma, tornam-se cidadãos e ocupam-se da política, além de possuírem privilégios militares e religiosos. A sociedade romana se divide entre patrícios (a nobreza proprietária dos meios sociais de produção), plebeus (homens livres que se ocupam com o artesanato e o comércio, nas cidades) e escravos; sua história é perpassada pelas lutas sociais e políticas entre a nobreza urbana e a nobreza camponesa, bem como entre a nobreza e os plebeus, e entre a nobreza e os escravos (no campo e na cidade).

Enquanto a China e a Índia conservaram por longuíssimo período sua forma social (isto é, o que Marx designa com a expressão "despotismo asiático", para indicar que se trata de impérios em que o governante, proprietário único dos meios sociais de produção e senhor da vida e morte dos súditos, é um déspota inquestionado), Grécia e Roma mudaram de forma social: a república romana se tornou um império e a conquista da Grécia por Roma inseriu-a no Império Romano. Este não era despótico, à maneira oriental, pois o imperador estava sob o poder das leis promulgadas pelo senado, ainda que, de fato, ele o dominasse, a fim de que fizesse sua vontade. O Império Romano dividir-se-á em Império do Ocidente (sob o poder de Roma) e do Oriente (sob o poder de Constantinopla), e o primeiro sofrerá a queda total sob a ação dos povos da Europa central e do norte (os chamados "bárbaros"). O efeito dessa queda será a fragmentação da Europa e o predomínio do campo sobre a cidade, com o poderio de inúmeros senhores que lutam entre si pela propriedade das terras e dos rebanhos e exercem total poder sobre seus domínios, os feudos.

Surge o modo de produção feudal ou o feudalismo medieval. A forma da propriedade passa por nova mudança ao deixar de ser propriedade do império ou do imperador, assumindo duas formas: a propriedade feudal, que é a propriedade privada de uma área, dos rebanhos e dos instrumentos de trabalho pelos senhores feudais; e a propriedade dos instrumentos de trabalho pelos artesãos livres, que vivem em vilas ou aldeias (os burgos) e associam-se formando as corporações de ofícios. A terra é trabalhada por servos da gleba, e a sociedade estrutura-se pela divisão social entre nobreza fundiária e servos (no campo), de um lado, e entre nobreza e artesãos livres (nas vilas, isto é, nos burgos), de outro. A teoria medieval do direito natural subjetivo (respeito à diferença entre o "meu" e o "teu") e do direito natural objetivo (a ordem hierárquica que a justiça divina impõe ao mundo) não é senão a maneira como teólogos e juristas interpretavam para os senhores feudais, em benefício destes, a estrutura econômica da sociedade. Esse seria *o modo de produção feudal*, que, aliás, com todas as diferenças de contexto, costumes e mentalidade, também pode ser identificado na Ásia (lembre-se, por exemplo, de que o Japão viveu num regime feudal até o século XIX).

Gradualmente, entre a nobreza e os artesãos surge uma figura intermediária: o comerciante, que vive nos burgos. As lutas entre comerciantes (os futuros burgueses) e nobres, a urbanização ou o desenvolvimento dos burgos, que se transformam em cidades sob a ação do comércio e do artesanato, levam à diminuição do poder econômico dos barões feudais, isto é, da antiga propriedade fundiária. Desprovidos de recursos para manter a agricultura e o pastoreio, os senhores feudais cortam drasticamente as atividades econômicas, causando a expulsão do campo para a cidade tanto dos servos como dos pequenos camponeses arrendatários de alguma terra cedida pelo senhor feudal em troca de tributos em espécie (isto é, parte das colheitas e dos rebanhos). Essa expulsão derramará nas cidades um contingente numeroso de desempregados à procura de trabalho, anunciando o aparecimento do futuro trabalhador assalariado. Além do declínio econômico, social e político dos senhores feudais, a partir do século XV o poderio do comércio é ampliado pelas descobertas marítimas e pela colonização do Novo Mundo, fazendo com que os comerciantes ou burgueses começassem a exigir poderes e privilégios econômicos, sociais e políticos. Está em processo o aparecimento da *propriedade privada capitalista*.

Politicamente, a implantação do modo de produção capitalista exigiu suplantar a fragmentação feudal por meio da unificação política sob a forma das monarquias absolutas, nas quais os reis diminuíam o poder da nobreza e protegiam os interesses dos burgueses (as monarquias mais importantes na Europa foram a dos reis de Aragão e Castela, na península Ibérica, dos Tudor, na Inglaterra, dos Bourbon, na França, dos Habsburgo, na Prússia). Em seguida, esse novo modo de produção se consumou por meio das revoluções burguesas (quando a burguesia teve força suficiente para derrubar o poder absoluto dos reis e os privilégios das nobrezas), das quais a Revolução Inglesa, no século XVII, e a Revolução Francesa, no século XVIII, foram as manifestações mais importantes.

A forma da propriedade capitalista possui características inéditas, porque realiza, pela primeira vez na História, a separação integral entre os proprietários privados dos meios sociais de produção e as forças produtivas, isto é, entre a propriedade privada das condições e instrumentos de trabalho e o próprio trabalho. Essa separação existia, sem dúvida, nas sociedades anteriores, que eram escravistas. Todavia, os escravos não eram considerados humanos propriamente ditos, e sim instrumentos de trabalho, estando situados muito mais como meios sociais de produção do que como força produtiva. Nas sociedades grega, romana e feudal, o camponês livre (ao qual um nobre cedia uma gleba e dele recebia produtos como pagamento ou tributo) e o artesão (que vivia nas cidades) eram proprietários de uma parte dos meios sociais de produção, isto é, dos instrumentos de trabalho e de uma parte do produto. O declínio econômico, social e político dos senhores feudais, como vimos, alterou essa situação: servos da gleba e camponeses livres foram expulsos do campo para as cidades, em busca de trabalho e sustento; artesãos perderam a independência ao serem absorvidos pela produção sob a forma da manufatura (as primeiras fábricas). No lugar do servo da gleba, do pequeno camponês livre e do artesão independente, o capitalismo introduzirá uma figura social nova: o trabalhador assalariado, expropriado de todo e qualquer meio de produção (não possui a propriedade de nenhuma das condições de produção, de nenhum instrumento de produção ou de trabalho nem de parcela alguma do produto). Trata-se do trabalhador ao qual restou uma única propriedade, sua força de trabalho, que ele vende ao proprietário privado dos meios sociais de produção. Esse trabalhador, paradoxalmente, foi chamado pelos teóricos de "trabalhador livre". Por quê?

Como se sabe, desde o Direito romano até as formas atuais do Direito civil, somente pessoas livres podem estabelecer uma relação de contrato. Visto que o novo gênero de trabalhador não é escravo e que a compra e venda de sua força de trabalho é sancionada por um contrato de trabalho, é preciso declarar que ele é livre; caso contrário, o contrato não terá validade.

Num polo da sociedade capitalista estão, portanto, os proprietários privados dos meios sociais de produção, controlando não apenas as condições e os instrumentos do trabalho, mas também a produção, a distribuição e o consumo dos produtos, e no outro polo estão os trabalhadores como massa de assalariados inteiramente expropriada dos meios sociais de produção, possuindo apenas a força do trabalho colocada à disposição dos proprietários dos meios sociais de produção no mercado de compra e venda da mão de obra.

Mas isso não diz tudo da dinâmica capitalista. Há um detalhe curioso e extremamente grave, ao qual estamos acostumados e do qual não nos damos conta, mas que possui uma significação de grande alcance para compreendermos nossas formas de vida atuais. Marx afirma que o capital é uma forma inteiramente nova da riqueza quando comparada às anteriores. De fato, nas formas econômicas anteriores, a riqueza não cresce. Os que ficam mais ricos são os que, por meio de guerras e pilhagens, se apropriam da riqueza alheia – a riqueza muda de mãos e se junta a riquezas anteriores, mas ela própria não cresce. O detalhe curioso, porém, é que o capital cresce. A pergunta é: como isso é possível? Vejamos mais de perto o que se passa.

Quando se examina o tempo socialmente necessário para a produção econômica de mercadorias, observa-se que o salário não paga efetivamente o tempo gasto pelo trabalhador nessa produção, mas apenas uma pequena parte desse tempo. Por exemplo, o trabalhador trabalha 8 horas, mas, quando comparamos seu salário com o preço dado no mercado por aquilo que foi produzido nas 8 horas, vemos que esse preço é desigual e que, proporcionalmente, o trabalhador recebe um salário equivalente a apenas 4 horas de trabalho. Em outras palavras, visto o preço final daquilo que o trabalhador produz e visto o salário que ele recebe por essa produção, o trabalhador não recebe por 8 horas, mas por 4. O preço final dos produtos tem um acréscimo, uma faixa de lucro, que dá a impressão de ter exigido muito mais horas de trabalho. Mas, como se sabe que esses produtos foram fabricados em 8 horas, esse acréscimo de benefício aos patrões corresponde, na realidade, a uma desvalorização do trabalho do trabalhador. A diferença, pois, entre o preço "real" e o preço "ampliado", beneficiando o patrão desproporcionalmente com o benefício do trabalhador, faz com que as 8 horas de trabalho sejam valorizadas na prática como 4. Assim, se o preço final fosse justo e correspondesse ao trabalho do trabalhador mais os gastos da produção e sem a faixa de lucro do patrão, poderia ser muito mais barato. Mas a parte "não paga" ao trabalhador permanece nas mãos dos proprietários dos meios sociais de produção e é essa "parte não paga" ao trabalhador que faz aumentar a riqueza, isto é, o capital. Eis por que o capital cresce.

Assim, se se fala de contrato salarial e se o trabalhador fica em desvantagem com relação à retribuição pelo que ele trabalha quando comparada à retribuição dada ao seu patrão no final da produção, pode-se ver como o trabalhador é economicamente explorado, seu salário servindo apenas para seu sustento e de sua família e, portanto, para reproduzir sua força de trabalho. São essas as raízes de um mecanismo de benefícios econômicos aos proprietários dos meios de produção, aos comerciantes e aos operadores financeiros que Marx chamará de *mais-valia*.

Esse tipo de organização faz com que a sociedade capitalista divida-se em duas classes sociais fundamentais: a burguesia (proprietária privada dos meios sociais de produção e do capital) e o proletariado urbano e camponês (o trabalhador como "proprietário" da força de trabalho); entre ambos, intercala-se a pequena burguesia (pequenos comerciantes, pequenos artesãos, profissionais liberais, artistas, intelectuais), que veio a formar a chamada classe média.

Marx e Engels observaram que, a cada modo de produção, a mudança das relações sociais faz com que a sociedade se organize de maneira diferente e a consciência dos seres humanos se transforme. Essas transformações constituem a maneira como, em cada época, a consciência social interpreta, compreende e representa para si mesma o que se passa nas condições materiais de produção e reprodução da existência, isto é, o que se passa na sociedade. Essa interpretação, porém, não coincide com a totalidade dos membros da sociedade, mas é feita e difundida pela classe dominante. Ou seja, as ideias de uma sociedade são as de sua classe dominante e incutidas por ela nas demais classes sociais.

Na obra *Contribuição à crítica da economia política*, Marx escreve que o conjunto das relações de produção (isto é, as relações entre meios sociais de produção e forças produtivas) constitui a estrutura econômica da sociedade, a base concreta sobre a qual se eleva uma superestrutura jurídica e política e à qual correspondem determinadas formas de consciência social. Isso significa que o modo de reprodução de vida material (as relações econômicas de produção) determina o desenvolvimento da vida social (as formas das relações sociais), da política (as formas do poder) e da existência intelectual em geral (as ideias e os valores). E conclui com a afirmação célebre: "Não é a consciência dos homens que determina o seu ser; é o seu ser social que, inversamente, determina sua consciência."

Essa passagem de Marx é duplamente importante. Em primeiro lugar, porque indica que uma sociedade é um sistema complexo de relações ou de interações, cada uma delas formando uma esfera própria ou específica de normas e regras que se entrecruzam com normas e regras das outras esferas, podendo ser concordantes ou conflitantes entre si. Assim, por exemplo, as ideias do que é bom e do que é mau instituem a esfera dos costumes morais; as do sagrado e do profano, a esfera da religião; as do útil e do nocivo, a esfera do trabalho e das trocas de produtos; as do poder e da obediência, a esfera da política; as do justo e do injusto, a esfera jurídica; as do verdadeiro e do falso, a esfera dos conhecimentos e das crenças; as do belo e do feio, a esfera das artes; e assim por diante. Essa complexidade explica por que se pode *definir a sociedade como um sistema de sistemas ou uma estrutura de estruturas.*

Em segundo lugar, Marx introduz uma *distinção entre o ser social e a consciência social dos homens.* Essa distinção é de grande importância porque nos permite diferenciar entre o *ser* da sociedade e o *aparecer* da sociedade, ou seja, entre o que ela efetivamente é e a maneira como ela aparece para a consciência dos sujeitos sociais.

Para os medievais, por exemplo, sob o modo de produção feudal, a sociedade *aparecia* como comunidade natural fundada na família, regulada pelo direito natural subjetivo como consciência da distinção entre o "meu" e o "teu" e pela ordem hierárquica do mundo decretada por Deus por meio do direito natural objetivo, expresso nas leis, regras e normas com que eram organizadas as relações sociais. Nessa sociedade (tida pelos teóricos como comunidade), prevalecia a ideia de que cada um possuía um "lugar natural", decretado pela hierarquia divina, lugar que lhe era conferido por sua linhagem (o sangue familiar transmitido de geração a geração) e do qual ninguém poderia sair. Dessa maneira, cada um sabia, desde o nascimento, qual seria sua posição na hierarquia social, se servo, camponês livre, artesão ou barão (e, entre os barões, os primogênitos do sexo masculino sabiam ser os herdeiros da propriedade, enquanto os filhos seguintes deveriam dirigir-se para o clero ou para o serviço militar, e as mulheres estavam destinadas a cimentar ou destruir alianças por meio do casamento). É certo que, na prática, esses costumes nem sempre eram seguidos; além disso, alguns pensadores medievais também punham em questão o ordenamento social rígido. Mas, de modo geral, era com a característica de naturalidade que a vida social aparecia aos medievais.

Qual é, então, o *aparecer* do social no modo de produção capitalista? Por um lado, a burguesia fez cair por terra a ideia da linhagem ou do parentesco pelo mesmo sangue e seus privilégios naturais, fazendo *aparecer* em seu lugar *a figura do indivíduo* que vale por seus próprios méritos, isto é, capaz de mudar sua posição social quando apto a tornar-se proprietário privado dos meios sociais de produção. Por outro lado, o trabalhador "livre" também não mais se define por um lugar natural na ordem do mundo, mas *aparece* como *um indivíduo* que se relaciona com outros por meio de um contrato de trabalho, podendo mudar de situação conforme as cláusulas desse contrato. Assim, nos dois polos principais da sociedade, *aparecem* indivíduos – ou seja, não aparece nem a forma da propriedade, nem as relações de produção, nem as classes sociais. O *ser* da sociedade (o modo de produção) está oculto sob seu *aparecer* (a existência de indivíduos isolados), e este determina a consciência dos sujeitos sociais, isto é, se torna a maneira como os sujeitos sociais entendem a realidade social, que, entretanto, permanece oculta, ou seja, não *aparece*.

Acrescentemos a esse aparecer dos indivíduos como realidade primeira e última o outro aspecto fundamental da nova formação social em seus inícios, isto é, os conflitos entre os interesses burgueses em ascensão e os da nobreza em decadência, os conflitos entre os próprios burgueses, entre trabalhadores do campo e da cidade e entre os próprios trabalhadores em geral, entre trabalho manual e trabalho intelectual (ou entre proletariado e pequena burguesia). Ora, esses conflitos não são percebidos como lutas entre classes sociais, mas *aparecem* como se fossem conflitos entre indivíduos que se relacionam sob a forma da competição e da disputa. Sob esses antagonismos se encontra, invisível e imperceptível, o *ser* da nova sociedade, isto é, a divisão social *não se dá entre indivíduos, e sim entre classes sociais.*

A essa altura de nossa reflexão podemos retornar à nossa pergunta: o que, segundo a interpretação de Marx e Engels, teria levado Hobbes e Rousseau a propor suas teorias?

Em linhas gerais, o quadro que acabamos de traçar sobre os múltiplos conflitos do início do capitalismo é exatamente aquilo que *aparece* para Hobbes – o homem lobo do homem – e para Rousseau – a desaparição do bom selvagem – e que ambos interpretam como a existência pré-social de indivíduos isolados que, por um contrato, farão surgir a sociedade, a qual *aparece* como resultado da relação contratual entre indivíduos isolados ou pré-sociais.

Após Hobbes e Rousseau, com a consolidação do modo de produção capitalista, passa a prevalecer a concepção de que a sociedade é constituída a partir de indivíduos isolados, livres e iguais que competem e disputam entre si e que descobrem que, para a boa realização de seus interesses particulares, devem diminuir a violência de suas disputas e a morte certa que elas acarretam. Para tanto, decidem relacionar-se por meio de contratos definidos por lei, firmando acordos sobre seus antagonismos para que a competição se realize conforme o permitido pela lei. Essa concepção, que vimos ser a de Max Weber, torna-se a base para a formulação de uma teoria social, econômica e política: o liberalismo (do qual falaremos mais adiante).

A perspectiva de que a sociedade emerge da luta (Hobbes) ou da perda do bom estado de natureza (Rousseau) leva a duas posições teóricas diferentes na filosofia do Idealismo Alemão, a de Immanuel Kant (1724-1804) e a de Georg W. Friedrich Hegel (1770-1831).

Kant toma o indivíduo como ponto de partida, considerando que este tende a associar-se porque somente em sociedade ele pode desenvolver propriamente sua humanidade (racionalidade, moralidade, liberdade). No entanto, o indivíduo também possui a tendência a dissociar-se, porque deseja dirigir tudo segundo seus próprios interesses e sabe que encontrará resistências em toda parte, assim como deve resistir aos interesses dos outros. Donde o curioso conceito proposto por Kant: "insociável sociabilidade".

Recusando as ideias de direito natural e de pacto ou contrato social, Hegel parte da comunidade, isto é, da família como realidade posta pela Natureza, e concebe a emergência do indivíduo isolado como resultado dialético das contradições no interior da família e dos conjuntos de famílias. Ou seja, o indivíduo não é o dado primeiro, e sim aquele que emerge da dissolução da comunidade familiar. Essa dissolução põe como seu efeito necessário a sociedade civil, isto é, o surgimento dos indivíduos institucionalmente organizados em classes sociais definidas por sua relação com a propriedade: a nobreza, proprietária da terra, e a burguesia, proprietária da indústria e do comércio. As contradições entre as classes sociais produzem o movimento dialético da dissolução da sociedade civil autônoma e a colocam sob o poder e a organização da sociedade propriamente dita ou a forma mais alta da sociabilidade, o Estado, do qual surge uma terceira classe social, encarregada da manutenção das instituições sociopolíticas e do controle das lutas sociais, o funcionalismo público (ou seja, a burocracia estatal e o aparato policial-militar).

Concluamos este capítulo retomando o que dissemos sobre as elaborações da Sociologia a respeito da origem da sociedade: podemos notar que as teorias sociológicas oscilam entre a concepção de Comte – a vida social é um dado da natureza humana e a sociedade é um organismo gerado pela afetividade ou pelo "instinto de simpatia" dos humanos – e a do liberalismo – a vida social é produto de contratos entre indivíduos para atender aos seus interesses privados, regulando legalmente as relações sociais (propriedade, sexualidade, costumes, moral, educação, cultura, religião etc.). Assim, entre a afetividade comtiana e os interesses privados liberais não se sai do campo do *aparecer* social e não se chega ao *ser* da sociedade.

4. O ser da sociedade: a divisão social

Se retomarmos o que dissemos no capítulo 3, podemos afirmar, em primeiro lugar, que o ser da sociedade é a complexidade de esferas de existência e de ação diferenciadas, simultâneas e entrelaçadas, ora concordantes ora conflitantes, determinadas tanto pela maneira como os humanos produzem as condições materiais de sua existência (a estrutura econômica) quanto pela simbolização e interpretação dessas condições sob a forma das instituições sociais (sexualidade, costumes, moralidade, crenças, educação, conhecimentos, artes, ordem jurídica, práticas políticas). Em segundo lugar, podemos dizer que *o ser da sociedade é sinônimo de divisão*: divisão de tarefas e hierarquia na família e na sociedade tribal, divisão segundo a posição econômica e de poder na sociedade antiga greco-romana, divisão segundo a posição hierárquica na sociedade feudal e na sociedade monárquica (seja na forma imperial das sociedades da China e da Índia, seja na forma feudal da sociedade europeia medieval ou na forma das monarquias absolutistas modernas), divisão das classes sociais na sociedade capitalista.

Embora todas essas divisões possam ser designadas como divisão social das classes (como propõe Marx), os sociólogos tendem a distingui-las conforme permitam ou não a passagem de um indivíduo de uma classe para outra. Assim, por exemplo, na sociedade indiana a classe social é uma *casta* na qual não só o indivíduo nasce e deve permanecer, mas sua família (ancestrais e descendentes) pertence a ela e dela não pode sair. A sociedade feudal da Europa medieval organizava a divisão das classes sob forma de *estamentos*, que, como as castas, estavam distribuídos numa hierarquia fixa e da qual uma família ou um indivíduo raramente poderia sair (era por isso que os juristas teólogos medievais se referiam ao direito natural objetivo como a hierarquia divina inscrita no mundo). Dizemos "raramente" porque, diferentemente da casta, não era impossível mudar de estamento: o alto clero podia elevar um membro do baixo clero, um plebeu rico podia, por laços matrimoniais com um membro da nobreza, tornar-se barão; um servo podia tornar-se um homem livre, se tal fosse a vontade de seu senhor. A imobilidade ou a pequena mobilidade social dessas sociedades contrasta, segundo os sociólogos, com a extrema mobilidade que caracterizaria a sociedade capitalista, na qual nenhuma lei, regra ou norma proíbe passar de uma classe para outra – um burguês empobrecido pode passar à classe média ou à classe proletária; um trabalhador enriquecido pode passar à classe média ou à burguesia; uma pessoa de classe média pode empobrecer e passar à classe proletária, ou enriquecer e passar à burguesia etc.

Mas parece haver um equívoco da noção sociológica de "mobilidade social". Ele está no fato de que essa noção tem como referência os indivíduos e não as classes sociais. Ou seja, ela desconsidera o fato de que a divisão das classes permanece sem nenhuma mudança, embora os indivíduos possam passar de uma classe a outra, de maneira que a estrutura da sociedade permanece imutável. Ou seja, se levarmos em consideração que o que determina a forma de uma sociedade é a forma da propriedade dos meios sociais de produção, responsável pela divisão social das classes, então o fato de os indivíduos mudarem de classe social não altera em nada a forma da sociedade. Em resumo: a noção de mobilidade social decorre da adoção da perspectiva liberal para analisar as sociedades, uma vez que o liberalismo toma os indivíduos e não as classes sociais como ponto de referência para explicar a origem e a forma de uma sociedade.

Retomemos a questão da divisão social sob uma outra perspectiva, mencionando três exemplos sobre a maneira pela qual ela tem sido pensada.

Aristóteles considerava que toda *pólis* estaria dividida pela desigualdade entre homens livres ricos e pobres (os escravos não contavam na divisão social porque não eram considerados humanos, mas instrumentos de trabalho conquistados). Essa divisão era, segundo o filósofo, a principal causa de lutas e guerras civis que punham a perder o motivo pelo qual os humanos vivem em sociedade, isto é, a vida boa, bela e justa. Para que uma sociedade possa realizar sua finalidade, julgava Aristóteles, é imprescindível que encontre uma solução para o problema da desigualdade e, para isso, introduza a justiça, cuja função é igualar os desiguais. O filósofo distingue, então, entre dois tipos de justiça:

a distributiva e a participativa. A justiça distributiva concerne ao partilhável, isto é, aos bens que o Estado deve distribuir entre as famílias e os indivíduos para evitar que a extrema pobreza desencadeie lutas entre os membros da *pólis* (seria algo como o que hoje chamamos de distribuição da renda). A justiça participativa refere-se ao que não pode ser dividido ou partilhado, mas só pode ser participado: trata-se do poder político, do qual todos os cidadãos (adultos do sexo masculino, naquele contexto) devem participar em graus variados e de maneiras variadas. A divisão social permanece, mas sob o controle dos cidadãos.

Como Aristóteles, também Maquiavel (1469-1527) parte da divisão social. Porém, diferentemente de Aristóteles, que considerava a realização da justiça a finalidade da política, Maquiavel, inaugurando o pensamento político moderno, afirma que o objetivo da política seria passar do uso da força para o exercício do poder. Toda sociedade, diz ele, está originariamente dividida entre dois desejos: o desejo dos grandes de oprimir e comandar e o desejo do povo de não ser oprimido nem comandado. Essa divisão originária da sociedade, causa das lutas e guerras civis, só pode terminar se houver uma figura que domine o desejo dos grandes e concretize o desejo do povo: o Príncipe. Este jamais deve aliar-se aos grandes, pois são seus rivais e querem tomar-lhe o poder, mas deve aliar-se ao povo, que sustentará seu governo porque lhe assegura conter o desejo de opressão próprio dos grandes. A divisão social permanece, mas sob o controle do governante e do povo.

Tanto Aristóteles quanto Maquiavel julgam que a política, e, portanto, o Estado, é a resposta para os problemas postos pela divisão social. Ao contrário deles, Marx julga que a resposta é a revolução social ou a revolução comunista, que abolirá de uma vez por todas a existência de classes sociais e a divisão social. Assim, diferentemente de Aristóteles e Maquiavel, que julgam necessário e possível controlar a divisão social, mas impossível aboli-la, Marx acredita que essa abolição é necessária e possível. Para tanto, é preciso, em primeiro lugar, distinguir entre rebelião e revolução e, em segundo lugar, compreender sob que condições pode acontecer a revolução social.

Uma rebelião é um acontecimento social e político localizado, isto é, os rebeldes lutam contra alguns aspectos da sociedade, mas não pretendem mudá-la por inteiro (escravos podem rebelar-se contra a escravidão; súditos podem rebelar-se contra determinado governante e pretender substituí-lo por outro; estudantes podem rebelar-se contra as normas da educação; jovens podem rebelar-se contra o tratamento recebido em orfanatos e abrigos de menores; prisioneiros podem rebelar-se contra as condições carcerárias; os membros de um grupo religioso podem rebelar-se contra o poder excessivo ou a corrupção de seus dirigentes etc.). Em contrapartida, uma revolução é um acontecimento que visa transformar a sociedade por inteiro, da economia à política, dos costumes à cultura. Como explica o filósofo Claude Lefort (1924-2010), uma revolução é o movimento pelo qual o Baixo da sociedade (explorados, dominados, oprimidos, excluídos) não mais reconhece a legitimidade do Alto (exploradores, dominantes, opressores, excludentes) e propõe-se a destruí-lo a fim de construir uma sociedade inteiramente nova. A rebelião luta por reformas parciais no interior da sociedade; a revolução, pela transformação completa da estrutura da sociedade existente.

A distinção entre rebelião e revolução leva a indagar sob que condições esta última é possível.

O ponto de partida de Marx é o exame das maneiras pelas quais, na sociedade capitalista, a divisão social das classes é ocultada, pois a primeira condição para a revolução social é, justamente, a percepção consciente que a classe explorada e dominada precisa ter da divisão social. Ou seja, o ser da divisão social permanece invisível sob o aparecer do social, e essa invisibilidade é reforçada pelo fato de que todos os membros da sociedade a enxergam e a interpretam com as ideias da classe dominante, ideias que Marx denomina com o conceito de *ideologia burguesa.*

O ocultamento do ser da sociedade pelo seu aparecer realiza-se, conforme Marx, de quatro maneiras:

– pela ideologia burguesa em sua forma liberal, pois esta recusa a existência de classes sociais antagônicas; afirma que só há indivíduos e que estes, por natureza, são todos livres e iguais, de maneira que cada indivíduo, por sua livre vontade, escolhe ser um proprietário privado ou um trabalhador, e este, se for esforçado e astuto na competição com outros, também se tornará um proprietário privado dos meios sociais de produção. A ideologia liberal nega, portanto, que a sociedade esteja dividida entre exploradores e explorados. Ora, uma vez que essa ideologia corresponde à maneira como a classe dominante vê a sociedade, suas ideias se tornam as ideias dominantes, espalham-se pela sociedade inteira (por meio da escola, dos costumes, das crenças, da moralidade, da religião, da cultura) e são interiorizadas também pela classe dominada;

– pela ideia de sociedade civil, entendida como relações sociais entre indivíduos associados conforme seus diferentes interesses e para defesa desses interesses;

– pela ideia do Estado como árbitro imparcial e impessoal de conflitos entre indivíduos ou associações de indivíduos;

– pela ideia da nação ou pátria como comunidade de raça, língua e religião.

Contra isso, Marx afirma que:

– a forma da propriedade privada dos meios sociais de produção mostra que não há indivíduos livres e iguais, mas proprietários privados desses meios e não proprietários, isto é, mostra a existência da divisão social entre a classe possuidora e a classe explorada, e que o antagonismo entre elas não é algo subjetivo (um sentimento que estaria apenas na cabeça de alguns indivíduos), e sim objetivo, isto é, constitui a estrutura real da sociedade capitalista;

– a chamada sociedade civil é pura e simplesmente o mercado com suas leis de produção, distribuição e consumo de mercadorias conforme os interesses privados dos proprietários dos meios sociais de produção, e não o espaço de expressão de interesses e opiniões conflitantes de indivíduos que poderão entrar num acordo;

– o Estado não é o árbitro imparcial de conflitos sociais, e sim o aparelho repressivo e violento que a classe possuidora – a classe dominante da sociedade – usa para reprimir a classe explorada, que é a classe dominada;

– a nação é a delimitação territorial, legalmente definida e necessária para o funcionamento do capitalismo, exprimindo, portanto, os interesses econômicos dos dominantes, e não a comunidade de origem e de destino de seus membros, a prova disso estando no fato de o que modernamente se entende por nação ser um fenômeno do século XIX, surgido no momento da expansão do capitalismo e das lutas entre capitalistas de diferentes países.

A revolução social comunista depende de um ponto fundamental, qual seja, que a classe explorada economicamente e dominada politicamente se perceba a si mesma como classe (e não como coleção de indivíduos), reconheça que sua identidade não lhe é dada pela nacionalidade, e sim pela posição que ocupa no sistema econômico (e que é a mesma para todos os trabalhadores em todas as nações), e decida erradicar a divisão social pondo um fim à sua causa, a qual opera desde o momento em que a propriedade tribal se transformou em propriedade privada dos meios sociais de produção.

5. O ocultamento da divisão social

O percurso que fizemos até aqui enfatizou três pontos:

1. a sociedade não é um dado da natureza humana, mas uma instituição humana;

2. a instituição da vida social se realiza de modos diversificados, dependendo das diferentes maneiras como, no decorrer da História, os humanos se relacionam com condições materiais de sua sobrevivência (físicas, geológicas, geográficas, climáticas, biológicas etc.) e de como simbolizam e interpretam essas condições e a forma determinada assumida pela sociedade que instituíram;

3. as formações sociais não são comunidades harmoniosas, e sim atravessadas por uma divisão interna que, de acordo com Aristóteles, decorre da diferença entre ricos e pobres; ou, segundo Maquiavel, nasce da oposição entre dois desejos humanos, o desejo dos gran-

des de oprimir e comandar e o desejo do povo de não ser oprimido nem comandado; ou, conforme Marx, resulta da forma assumida pela propriedade das condições e dos meios da produção econômica, dividindo os membros de uma sociedade em proprietários e não proprietários, que constituem classes sociais antagônicas e em luta.

Uma questão se torna inevitável diante do quadro que apresentamos: se a divisão social é constitutiva da sociedade, como explicar que seus membros a considerem natural (como nos impérios da China, da Índia, da Europa medieval) ou não a percebam (como é o caso da sociedade capitalista moderna e contemporânea)?

Para responder a essa pergunta, examinaremos brevemente como o ocultamento opera de maneira diversa em três formações sociais: na sociedade capitalista industrial, na sociedade capitalista pós-industrial e na sociedade totalitária.

5.1. A sociedade capitalista industrial ou liberal

Nessa formação social, o ocultamento da divisão social se realiza por intermédio de três operações sociais: a ideologia liberal, o emprego da ideia de nação e o padrão do consumo.

5.1.1. A ideologia

Permanecendo no aparecer do social, desenvolveu-se, do final do século XVIII até nossos dias, a ideologia liberal ou o liberalismo. Para o que nos interessa aqui, basta lembrar que essa ideologia afirma que o indivíduo é a origem e o destinatário da sociedade, nascida de um contrato social voluntário, no qual os contratantes cedem poderes, mas não cedem sua individualidade (vida, liberdade e propriedade). Afirma também a existência de uma esfera de relações sociais separadas da vida privada e da vida política, a *sociedade civil* organizada, em que proprietários privados e trabalhadores criam suas organizações de categoria, realizam contratos, disputam interesses e posições, sem que o Estado possa aí intervir, a não ser que uma das partes lhe peça para arbitrar os conflitos ou que uma das partes aja de modo que pareça perigoso para a manutenção da própria sociedade. O Estado *aparece* como instância impessoal de dominação (impõe obediência por meio de um instrumento impessoal, a lei, e por meio da força, isto é, o exército e a polícia) e árbitro de conflitos sociais. A sociedade civil, por seu turno, *aparece* como um conjunto de relações sociais diversificadas entre categorias e grupos sociais, cujos interesses e direitos podem coincidir ou opor-se. Essa ideologia é reforçada pela Sociologia com a ideia da mobilidade social. Nela existem as relações econômicas de produção, distribuição, acumulação de riquezas e consumo de produtos que circulam por meio do mercado. O centro da sociedade civil é a propriedade privada, que diferencia indivíduos, grupos e categorias sociais, e o centro do Estado é a garantia dessa propriedade, sem contudo mesclar política e sociedade civil.

Como ideologia dominante, o liberalismo se difunde por meio dos costumes, da escola, dos meios de comunicação de massa, das instituições e se torna a maneira pela qual todas as classes sociais e todos os indivíduos tendem a conceber a realidade social, escapando-lhes, portanto, que a divisão é constitutiva do social.

Não só isso. Uma das afirmações fundamentais da ideologia liberal é a de que os indivíduos são livres para escolher sua situação e posição econômica e social, de maneira que a diversidade de condições econômicas e sociais é atribuída à escolha individual voluntária. Vivem bem os que se esforçam e sabem competir com sucesso; vivem mal os conformistas, os resignados, os mal-adaptados, os que não se esforçam para melhorar de condição e subir na vida. Poderíamos resumir essas ideias da seguinte maneira: a sociedade é um campo aberto de boas possibilidades que cada um pode escolher livremente, de maneira que cada um é o que é por escolha e cada um recebe o que merece. Por isso mesmo, essa ideologia afirma que "de fato" (e infelizmente) há divisões e conflitos sociais, mas a causa desse "fato injusto" deve ser encontrada em "homens injustos" (o mau patrão, o mau trabalhador, o mau governante, as más alianças internacionais etc.). Assim, a divisão constitutiva da sociedade de classes reduz-se a um dado *moral*.

5.1.2. A ideia de nação

A ideia de nação é muito recente: data do século XIX, surgindo como uma necessidade criada pelo modo de produção capitalista, que, do final do século XIX até o início dos anos 1980, precisava da delimitação territorial, por meio de fronteiras garantidas pelo poder militar dos Estados.

A unificação, sob um único poder estatal e sob as mesmas leis, de territórios dispersos e culturalmente diferenciados levou à invenção da ideia de nação. O nacionalismo, ideologia derivada dessa ideia, consiste em afirmar que todos os que nascem no mesmo território, falam a mesma língua e obedecem às mesmas leis formam um único povo, sem distinção de classes. A nação oferece a imagem da *sociedade una e indivisa*, e os indivíduos acreditam identificar-se pela comunidade nacional e distinguir-se de outros por sua nacionalidade e não por sua classe social. Os símbolos nacionais – hino nacional, bandeira nacional, datas nacionais – e a forma de identificação dos indivíduos pela carteira de identidade e pelo passaporte são alguns dos elementos que fortificam a crença de que a nacionalidade nos faz iguais.

Há, porém, duas concepções antagônicas sobre o que seja a nação: a ideologia liberal e a conservadora. Para o liberalismo, visto que a referência social fundamental é o indivíduo e sua organização na sociedade civil, a nação é considerada um efeito do contrato social entre os indivíduos e define-se pela unidade territorial, pela centralização do poder político no Estado e pelo conjunto das leis válidas para o território política e militarmente delimitado por fronteiras.

A ideologia conservadora, porém, propõe a nação como retorno à comunidade. Isso explica por que, desde Augusto Comte, a sociologia conservadora do final do século XIX e início do século XX estabeleceu a distinção (que vimos anteriormente) entre comunidade e sociedade, distinção que pretendia ser uma crítica ao liberalismo.

Com efeito, para a sociologia conservadora, a origem do ideário liberal teria coincidido com a destruição da comunidade quando surge a sociedade, já que esta teria nascido com o término da comunidade, levando o liberalismo a explicar esse nascimento como passagem do indivíduo isolado ao indivíduo associado a outros por meio de um contrato social. O individualismo competitivo defendido pelos liberais mostra que o liberalismo é a institucionalização dos conflitos sociais e, como tal, é a desordem. Em vista disso, o pensamento conservador busca destruir a ideologia liberal por meio da distinção entre sociedade e comunidade e pelo elogio ao retorno à vida comunitária pré-social e antissocial, ou seja, à boa e bela comunidade, afetiva, homogênea e ordenada.

A boa e bela comunidade é a nação ou a pátria. Na medida em que, a partir do século XIX, o Estado *aparece* definido geopoliticamente, isto é, por suas fronteiras territoriais, passa-se a falar em Estado nacional, e a ideologia conservadora introduz como instituição ordenadora desse Estado a ideia de comunidade nacional. A nação é definida como entidade natural perene em virtude da comunidade de raça, isto é, os ancestrais comuns que deram origem a determinado povo; é também definida como comunidade cultural instituída pela unidade da língua e da religião, que constituiriam o espírito do povo.

O elogio da nação como comunidade não visa apenas contrapor-se à ideologia liberal individualista, mas possui ainda um outro alvo. De fato, o século XIX e o início do século XX veem surgir o pensamento socialista, que se afirma como internacionalista (pois o Estado nacional é uma invenção do mercado capitalista para servir aos interesses da burguesia e não aos do proletariado, que não tem fronteiras) e propõe uma revolução social. Para a ideologia conservadora, a desordem liberal é, portanto, ampliada pelo perigo socialista e, para combatê-lo, reforça-se a ideia de nação.

Assim, enquanto os liberais falam em indivíduo e os socialistas, em classes sociais, a sociologia conservadora, por meio da ressurreição da imagem da comunidade, introduz a raça, a linguagem e a crença religiosa como unificação que abole os conflitos individuais e as contradições de classes. Nacionalismo, racismo, fundamentalismo religioso, ódio ao estrangeiro (particularmente aos imigrantes), superioridade cultural: eis alguns tópicos inseparáveis do elogio da boa e bela comunidade.

5.1.3. A forma assumida pelo consumo

O crescimento das populações do planeta, a presença do modo de produção capitalista em todo o globo terrestre e o lugar que o consumo de mercadorias passou a ter para a reprodução do capitalismo deram origem ao que se denominou *sociedade de massa* ou *sociedade do consumo de massa*.

Na fase inicial do capitalismo, o consumo de produtos visava à reprodução da divisão social entre burguesia e proletariado, isto é, este último consumia apenas os produtos necessários para a reprodução de sua força de trabalho – moradia (em geral, muito precária), alimentos básicos (na Europa, batatas; no Brasil, arroz, feijão e farinha de mandioca) e vestuário (o indispensável exigido pela moral). O restante da produção destinava-se ao consumo da burguesia e, em certa medida, ao da pequena burguesia urbana. Essa forma de consumo corresponde ao que Max Weber denominou *ética protestante* ou a ética do trabalho como virtude. Essa ética afirma que a virtude se encontra numa vida honesta (trabalhar e pagar as dívidas; ter a vida sexual exclusivamente para a procriação no casamento) e frugal (consumir apenas o necessário para a sobrevivência decente). O homem virtuoso seria o que trabalha para poupar e poupa para investir em mais trabalho. Evidentemente, essa ética cai como uma luva para o proletariado, destinado a trabalhar maximamente, consumir o mínimo indispensável à sobrevivência e procriar para reproduzir a força de trabalho.

Todavia, no início do século XX, o capitalismo industrial, com o chamado fordismo, inventa a linha de montagem e os produtos fabricados em série, barateando o custo de sua produção e seu custo para os consumidores. Tem início o chamado *consumo de massa*, isto é, a entrada da classe trabalhadora e das camadas populares como consumidoras de produtos industrializados baratos. O consumo de massa leva à ideia de que a sociedade se tornou uma *sociedade de massa*, deixando de ser uma sociedade de classes.

Evidentemente, a divisão social das classes não desapareceu, mas o mercado do consumo pretende ocultar as divisões sociais, isto é, as desigualdades econômicas reais, oferecendo a ilusão da igualdade. Ilusão, por um lado, porque o acesso às mercadorias, aos bens e aos serviços pressupõe poder aquisitivo para comprá-los e, portanto, a desigualdade econômica dos consumidores; por outro lado, e sobretudo porque mercadorias, bens e serviços têm sua qualidade diferenciada conforme sejam destinados às diferentes classes sociais, às populações de países centrais e de países periféricos, aos habitantes de regiões economicamente diferentes de um mesmo país etc. Assim, a mesma coisa jamais é a mesma coisa para todos. Em suma, embora o consumo de massa alimente a ilusão da igualdade, as diferenças socioeconômicas dos consumidores não são apagadas por ele, e sim reforçadas pela diferença real da qualidade dos produtos e dos serviços, expressa no seu preço, no seu aspecto, nos locais de sua aquisição, na forma do atendimento etc.

5.2. A sociedade capitalista pós-industrial ou neoliberal

Vimos que o liberalismo econômico e a ideologia liberal assentam-se sobre o aparecer social, isto é, sobre a ideia da sociedade como uma rede de contratos entre indivíduos que se relacionam segundo seus interesses privados. Por que, então, fala-se hoje em neoliberalismo?

Dois motivos principais conduziram ao que atualmente recebe esse nome: em primeiro lugar, o enfraquecimento ideológico e político daquelas sociedades em que estava em vigência o chamado Estado do Bem-Estar Social; em segundo, a reafirmação do princípio liberal de que os interesses de mercado, isto é, os interesses privados, são o fundamento da racionalidade da vida social.

O chamado Estado do Bem-Estar Social, que se implantou na maioria das sociedades do hemisfério Norte após a Segunda Guerra Mundial, assentava-se sobre o princípio da regulação da economia pelo Estado, que intervinha, portanto, no mercado e na produção econômica por meio da criação de empresas estatais ou públicas, e destinava a maior parte dos recursos estatais (o fundo público) para assegurar direitos econômicos e sociais conquistados pelas lutas da classe trabalhadora. Em outras palavras, tratava-se de uma formação sociopolítica que reconhecia a divisão social das classes, mas procurava contorná-la dando prioridade aos interesses da classe trabalhadora por meio de mecanismos de distribuição da renda.

Contra isso, os ideólogos denominados neoliberais afirmaram que o Estado do Bem-Estar Social fortalecia a classe trabalhadora, tornando-a perigosa para a paz e a ordem da sociedade, devendo, por isso mesmo, ser contida e enfraquecida. Para tanto, propuseram um Estado que quebrasse o poder social e político da classe trabalhadora organizada em associações, sindicatos, movimentos sociais e partidos políticos – em outras palavras, um Estado que abandonasse a distribuição da renda, cortando todos os gastos sociais para deixá-los por conta do mercado, isto é, da privatização (educação, alimentação, saúde, moradia, salário desemprego, salário de férias, salário família etc.). Propuseram também que o Estado se afastasse da regulação da economia e da produção econômica, deixando-a por conta do movimento do próprio mercado ou do jogo competitivo entre empresas e entre indivíduos. Defenderam, assim, a implantação do chamado Estado mínimo, porque não teria poderio sobre a economia (as empresas públicas são privatizadas) nem atribuições sociais (educação, moradia, saúde, transporte, lazer, meios de comunicação), reduzindo-se ao papel de regulador dos conflitos de interesses sociais por meio das leis, exatamente como fora proposto pelo antigo liberalismo. Essas propostas foram acolhidas politicamente nas sociedades do hemisfério Norte, cujo poder se espalha pelo restante do globo terrestre e impõe essa forma de sociedade para todas as demais (a chamada globalização).

Podemos dizer que o neoliberalismo institui uma formação social fundada no alargamento do espaço privado dos interesses de mercado e no encolhimento do espaço público dos serviços sociais, dos direitos e das opiniões.

Há ainda um aspecto que explica por que esse liberalismo é neo ou novo: diferentemente do antigo, que dava prioridade ao capital produtivo (isto é, ao capital industrial baseado na exploração da força de trabalho), o neoliberalismo estimula a prioridade do capital financeiro (bancos e especulação financeira). Por esse motivo, podemos notar a diferença entre a fase industrial e a atual, chamada pós-industrial.

Na fase industrial, o capital induziu o aparecimento das grandes fábricas (nas quais se tornavam visíveis as divisões sociais, a organização das classes e a luta de classes) e ancorou-se na prática de controle de todas as etapas da produção (desde a extração da matéria-prima até a distribuição dos produtos no mercado de consumo) e nas ideias de qualidade e durabilidade dos produtos do trabalho (levando à formação de grandes estoques para a travessia dos anos). Estimulou, assim, *a inclusão crescente dos indivíduos no mercado de trabalho, orientando-se pela ideia de pleno emprego.*

Em contrapartida, na fase dita pós-industrial ou neoliberal imperam: 1) a fragmentação e dispersão da produção econômica, incidindo diretamente sobre a classe trabalhadora, que perde seus referenciais de identidade, de organização e de luta; 2) a hegemonia do capital financeiro; 3) a rotatividade extrema da mão de obra; 4) os produtos descartáveis, com o fim dos ideais de durabilidade, qualidade e estocagem; 5) a obsolescência vertiginosa das qualificações para o trabalho, em decorrência do surgimento incessante de novas tecnologias; 6) o desemprego estrutural, decorrente da automação e da alta rotatividade da mão de obra, causando exclusão social, econômica e política. A divisão social ou a desigualdade econômica e social atinge níveis jamais vistos, cindindo as sociedades entre bolsões de riqueza e bolsões de miséria.

Nessa formação social, alteram-se a ideologia e o padrão do consumo, que, como vimos, são essenciais para o ocultamento da divisão social.

5.2.1. A nova ideologia

A nova forma do capital é inseparável de uma transformação sem precedentes na experiência do espaço e do tempo, designada por David Harvey (1935-)

com a expressão "compressão espaçotemporal". A fragmentação e a globalização da produção econômica engendram dois fenômenos contrários e simultâneos: de um lado, a fragmentação e dispersão espacial e temporal e, de outro, sob os efeitos das tecnologias eletrônicas, a compressão do espaço – tudo se passa aqui, sem distâncias, diferenças nem fronteiras – e a compressão do tempo – tudo se passa agora, sem passado e sem futuro. Na verdade, fragmentação e dispersão do espaço e do tempo condicionam sua reunificação sob um espaço indiferenciado e um tempo efêmero. Paul Virilio (1932-) fala em acronia – desaparição das unidades sensíveis do tempo vivido – e atopia – desaparição do espaço topológico da percepção. A profundidade do tempo e seu poder diferenciador desaparecem sob o poder do instantâneo; a profundidade de campo, que define o espaço topológico da percepção, desaparece sob o poder de uma localidade sem lugar e das tecnologias de sobrevoo. É nesse novo contexto que a ideologia muda de roupagem.

Costuma-se designar a sociedade contemporânea com a expressão sociedade do conhecimento. *Com isso, pretende-se indicar que a ciência e a técnica não são apenas auxiliares da produção econômica, mas que ambas se tornaram forças produtivas.* Como observa o sociólogo Manuel Castells (1942-), agora a mente humana tornou-se uma força direta de produção. *Fala-se hoje em capital intelectual para indicar que a sociedade se funda sobre o saber científico, por intermédio do uso competitivo do conhecimento, da inovação tecnológica e da informação nos processos produtivos, financeiros e militares, bem como nos de serviços como a educação, a saúde, a cultura e o lazer.*

A expressão "sociedade do conhecimento" indica uma mudança na antiga ideologia liberal. Podemos falar no surgimento da *ideologia da competência*, isto é, a transformação de conhecimentos técnicos e científicos em instrumento de reforço da divisão social e de seu ocultamento.

No período do fordismo, o uso da ciência aplicada à produção econômica levou à ideia de controle científico das operações a serem realizadas pelo trabalhador, controle que ficou conhecido como *gerência científica*, que pretendia estabelecer "normas científicas do trabalho produtivo", por meio das quais a gerência determinava o tempo ótimo para cada operação, seja na linha de montagem, seja nos escritórios. O pressuposto dessa ideologia era a afirmação da ignorância dos trabalhadores, considerados desprovidos de qualquer conhecimento sobre a atividade que realizavam. O saber se encontrava na gerência ou nos escalões administrativos das fábricas e dos escritórios.

Uma mudança profunda ocorre na sociedade pós-industrial com o advento da sociedade do conhecimento, na medida em que nesta se afirma que a sociedade no seu todo, e não apenas a economia, deve seguir normas e regras determinadas pela racionalidade científica, cujo pressuposto é o de que a ciência governa o mundo. Nasce, aqui, a nova ideologia, que podemos designar como *ideologia da competência* ou do *discurso competente*.

O discurso competente pode ser resumido na seguinte fórmula: "não é qualquer um que pode dizer a qualquer outro qualquer coisa em qualquer lugar e em qualquer circunstância". O discurso competente confunde-se, pois, com a linguagem institucionalmente permitida ou autorizada, isto é, com um discurso no qual os interlocutores já foram previamente reconhecidos como tendo o direito de falar e ouvir, no qual os lugares e as circunstâncias já foram predeterminados para que seja permitido falar e ouvir e, enfim, no qual o conteúdo e a forma já foram autorizados segundo os critérios da esfera de sua própria competência.

Dessa maneira, a sociedade *aparece* dividida entre os competentes – que possuem conhecimentos científicos e técnicos e por isso têm o direito de mandar e comandar – e os demais que, não tendo tais conhecimentos, são tidos como incompetentes e com a obrigação de obedecer. Em outras palavras, a divisão social das classes é ocultada pela divisão entre os "competentes", que supostamente sabem, e os "incompetentes", que nada sabem e somente executam ordens.

5.2.2. A nova forma do consumo

O padrão do consumo se modifica, substituindo a antiga ética do trabalho por uma *ética do desejo*. Por meio da propaganda, os produtos são transformados em signos e imagens que permitiriam vencer as relações competitivas entre indivíduos, satisfazendo os desejos que a sociedade acredita serem essenciais: sucesso, beleza, juventude eterna, liberdade sexual etc. O consumo de signos e imagens é obtido por meio de operações ideológicas que inculcam como *dever moral* satisfazer preferências individuais, que são induzidas pelo próprio mercado.

Além disso, como vimos, a nova forma do capital opera com a rápida obsolescência dos produtos, isto é, com produtos descartáveis. A reunião do descartável, do espaço reduzido à imagem do aqui e do tempo reduzido à imagem do agora orientam o consumo em direção ao instantâneo; seu padrão é dado pelo mercado da moda; portanto, de imagens e signos efêmeros, voláteis e fugazes.

5.3. A sociedade totalitária

Dois filósofos do século XX ocuparam-se com o fenômeno do totalitarismo: Hannah Arendt (1906-1975), que se voltou sobretudo para a compreensão da sociedade nazista, e Claude Lefort, que se dedicou a compreender a sociedade soviética. Aqui, mencionaremos apenas os estudos de Lefort, pois tocam em fenômenos que nos alcançam mais diretamente.

O totalitarismo, diz Lefort, não é, como julgaram muitos, o efeito de uma etapa do modo de produção capitalista – um fenômeno na superfície da economia – e não é uma ditadura burocrática nem um despotismo, como julgou Leon Trótsky (1879-1940), mas é uma *formação social* articulada a uma *mutação histórica da política*.

Para entender o que é a sociedade totalitária é preciso começar colocando lado a lado duas ficções sobre a sociedade: a ficção liberal e a ficção comunista. A ficção liberal pretende que uma sociedade se ordena espontaneamente sob a livre concorrência dos proprietários privados, cabendo ao Estado fazer respeitar as regras do jogo, protegendo a propriedade privada dos meios sociais de produção. A ficção comunista pretende que uma sociedade se ordena espontaneamente pela organização da produção econômica sob a direção dos trabalhadores. Liberais e comunistas concebem o Estado como simples órgão da sociedade, diferenciando-se dela para exercer funções de interesse geral. Essa concepção leva os liberais a acreditar na imagem do Estado separado da sociedade, e os comunistas, na imagem do Estado consubstancial à sociedade, no qual estariam figurados os interesses gerais.

O totalitarismo, diz Lefort, é a fantasmagoria de uma sociedade que se instituiria sem divisões, disporia do senhorio de sua organização e se relacionaria consigo mesma em todas as suas partes sem nenhuma divisão. Como pretende que o Estado seja consubstancial à vida social, nele o poder se afirma como *poder social*, isto é, figura a própria sociedade como potência agente e consciente. Em suma, não haveria distância ou separação entre sociedade e Estado e o poder materializar-se-ia num indivíduo – o dirigente máximo e único – capaz de concentrar nele mesmo todas as forças sociais. Ao mesmo tempo, a sociedade deve aparecer sem divisões, de sorte que a empresa de produção, a administração, a escola, o hospital, a instituição judiciária, as artes, as ciências aparecem como organizações parciais subordinadas à grande organização comunista. Recusa-se a heterogeneidade social, a pluralidade de modos de vida, de comportamentos, de crenças e opiniões, costumes, gostos, ideias para oferecer a imagem de uma sociedade em concordância e consonância consigo mesma. O processo de identificação entre o poder e a sociedade, de homogeneização do espaço social, de fechamento tanto da sociedade como do poder se encadeiam e se conectam para constituir o *sistema totalitário*.

Como toda formação social em que o poder se separa da sociedade e, ao mesmo tempo, oculta essa separação e a divisão social, também o totalitarismo produz uma ideologia.

Um conjunto de representações constitui a ideologia totalitária: a imagem do povo-uno, combinada com a do poder-uno; a imagem do inimigo como outro do povo ou como "inimigo do povo", alteridade interna à sociedade, figura da perversão, da doença e da dissidência; a imagem da sociedade como uma vasta rede de organizações e micro-organizações que formam a *sociedade totalitária* como imenso organismo cujo agente privilegiado é o Partido, o qual produz uma rede interminável de coletivos aparentemente autônomos, mas nos quais se refaz a imagem da identidade social comum e de uma direção comum: a imagem do fim da História.

6. O ser da sociedade como questão histórica

No percurso que realizamos até aqui examinamos as várias maneiras como a divisão constitutiva do social tem sido explicada ou ocultada e enfatizamos a distinção entre o aparecer e o ser da sociedade.

Propomos, agora, caminhar numa trilha aberta pelos pensadores franceses Maurice Merleau-Ponty (1908-1961) e Claude Lefort, tomando como referência as análises merleaupontianas sobre os equívocos da oposição filosófica e científica entre *fato* (a crença de que o dado empírico nos dá acesso ao real entendido como objeto) e *ideia* (a representação intelectual como determinação completa de um objeto, elaborada pelo sujeito do conhecimento e também suposta como única via de acesso ao real). Em outras palavras, os equívocos do empirismo e do intelectualismo (do qual o idealismo é a expressão acabada).

Diz Merleau-Ponty: a Filosofia, fundada na subjetividade pura (as operações do entendimento puro), e a ciência, fundada na objetividade pura (a observação instrumental do comportamento das próprias coisas e a construção do próprio objeto), concebem o pensamento como ato de sobrevoo e os seres como objetos completamente determinados pelas operações do pensamento. Tornam-se o projeto de posse intelectual do mundo, domesticado pelas representações construídas pelo sujeito do conhecimento. A crítica merleaupontiana desse projeto é, simultaneamente, o abandono da cisão entre sujeito e objeto, consciência e coisa, fato e ideia e a afirmação de que a Filosofia e a ciência não são a fonte do sentido, pois não há um ponto de partida absoluto do pensamento (Deus, a Natureza, o Homem, a Razão), porque todo pensamento se enraíza num solo originário impensado e irrefletido e numa inerência ao mundo e ao tempo que invalidam aquelas cisões.

Essa trilha nos permite uma reflexão sobre o social como história e como práxis.

Em sentido amplo, toda sociedade, por ser sociedade, é histórica: possui data própria, instituições próprias, precondições específicas, nasce, vive e perece, transforma-se internamente. Podemos, entretanto, com Claude Lefort, falar em sociedade *propriamente* histórica para nos referirmos àquela sociedade para a qual possuir uma data, pressupor condições determinadas e repô-las, transformar-se e perecer não é um dado, mas uma questão.

Toda sociedade é histórica porque temporal. A sociedade *propriamente* histórica, porém, interroga sua temporalidade pondo-a como tema de reflexão porque não *está* no tempo, mas *é* tempo. Isso significa que a sociedade propriamente histórica não cessa de criar internamente sua diferença consigo mesma, pois o tempo (como diz Merleau-Ponty) é diferença de si consigo. O tempo não é a sucessão do passado ao presente e deste ao futuro como a linha contínua de um rio; não é progresso nem evolução, não é diferença empírica dos tempos, e sim criação da *diferença temporal interna* pela qual uma sociedade possui seu passado e visualiza seu futuro como seus *outros*. Produtora de sua alteridade, a sociedade propriamente histórica é aquela que não pode, senão sob a forma da violência e da máscara, repousar numa identidade fixa, onde se reconheceria a si mesma.

Diversamente dessa sociedade, há formações sociais que oferecem para si mesmas uma explicação – mítica ou teológica – sobre sua origem e permanência, de tal modo que o momento de sua instituição ou de sua fundação possa ser representado por seus membros na dependência de um saber fundador e de um poder fundador exteriores, anteriores e transcendentes à sociedade (os deuses). A exterioridade do saber-poder fundador lhe garante atemporalidade e esta se transmite à sociedade que pode, então, representar-se a si própria como pura identidade consigo mesma e como atemporal. Uma vez estabelecida a origem, a forma e o sentido de tal sociedade, suas hierarquias internas, formas de autoridade e de poder, instituições econômicas e culturais, enfim, o todo social imobiliza-se para si mesmo. É isso que tem levado filósofos e cientistas sociais a falar em sociedades sem história, quando, na verdade, essas sociedades operam no sentido de imobilizar a História, petrificando o tempo, graças à narração mítica ou à invenção teológica da origem de suas instituições.

Ora, o que estamos designando como sociedade propriamente histórica é exatamente aquela que não pode conseguir essa petrificação do tempo. Para essa sociedade, sua existência temporal e, portanto, sua emergência como sociedade, são ambíguas, mas a ambiguidade não é um "defeito" explicativo, e sim constitutiva do ser mesmo do social. Com efeito, a origem é percebida como dependente da ação dos próprios homens (e não de entidades míticas ou divinas), e, no entanto, os homens percebem, simultaneamente, que sua ação instituinte do social não é uma ação pré-social, mas já é algo social, já é uma forma de sociabilidade. Em outras palavras, o problema posto pela sociedade histórica é o da *impossibilidade de determinar o ponto anterior à sua existência, pois nasce da ação dos homens ao mesmo tempo que é condição dessa ação*. A sociedade histórica é aquela que precisa compreender o processo pelo qual a ação dos sujeitos sociais lhe dá origem e, ao mesmo tempo, precisa admitir que ela é a própria condição para a atuação desses sujeitos.

A historicidade é, pois, uma questão complexa do ponto de vista teórico, na medida em que a prática instituidora do social é ação de sujeitos que são instituídos como tais por esse mesmo social – paradoxal e enigmaticamente, a sociedade é condição e efeito da ação que a institui.

As dificuldades para compreender esse duplo movimento simultâneo de instauração da sociedade conduzem a várias consequências teóricas (que examinamos nos capítulos anteriores), tais como a elaboração dos conceitos de direito natural e de estado de natureza como formas pré-sociais ou de sociabilidade precárias superadas pelo advento do contrato social como decisão consciente dos indivíduos para passar de seres "naturais" a seres "sociais" ou "políticos", reunidos sob o Direito civil (como propõe Hobbes). Ou, ainda, a explicação do surgimento da vida social não por um pacto de vontades, mas por um golpe violento ou por uma fraude praticada por alguns poderosos sobre os mais fracos, aos quais é proposta uma unidade que irá, na verdade, submetê-los à espoliação e à opressão (como explica Rousseau). Ou, então, na vertente aberta por Hegel, o advento da sociedade civil será explicado pela negação ou superação-conservação da família pela sociedade civil; e a negação ou superação/conservação da sociedade civil será explicada pelo surgimento do Estado. Ou, enfim, em Marx, o advento da vida social é marcado pela divisão social do trabalho, que determina as relações dos homens com a Natureza e deles entre si, as divisões de autoridade e a forma do poder. Em todos esses casos, o que se nota é o esforço de uma elaboração na qual a teoria possa determinar, por meio dos conceitos, o instante prático de instituição do social. Em outros termos, a teoria procura determinar o momento preciso no qual a sociedade teria nascido por obra dos homens.

A instituição da sociedade nos coloca, portanto, diante de um enigma: o fundante e o fundado estão numa relação de reciprocidade tal que se torna impossível determinar o ponto empírico (o fato) e o ponto ideal (a ideia) a partir dos quais se possa enunciar de modo positivo o começo da vida social. Ou, como diria Merleau-Ponty, há uma relação de *dupla fundação* na qual não podemos determinar o que é fundante e o que é fundado.

Na verdade, é esse o problema da História, ou seja, o problema filosófico e prático para determinar um ponto fixo no real a partir do qual seja possível enunciar o começo da sociedade. Por que um problema? Porque, como dissemos, o momento em que a sociedade começa é o momento no qual também começam seus próprios sujeitos, que, para colocá-la no real, já precisam da sociabilidade como fonte da ação de seus autores. Isso significa simplesmente (o que é enorme) que o advento da sociedade não pode ser determinado como um *fato* empírico nem como uma *ideia*, isto é, nem como um dado positivo nem como uma ideia positiva, mas precisa ser pensado como um *trabalho*, no sentido forte do termo. O trabalho é negação do imediato dado, é relação com o ausente, um fazer vir ao mundo o que não existia, um possível instituído pela própria ação, mas que é também condição dela. Se tomarmos a noção de trabalho histórico de instituição do social como *práxis social* teremos uma pista para decifrar o enigma. A peculiaridade da práxis consiste justamente em ser um tipo de atividade na qual agente, meios, fins e ações são termos indissociáveis. Ou, como diziam os estoicos: assim como num dançarino não podemos separar aquele que dança e a dança por ele executada, também na práxis não podemos separar o agente e a ação por ele realizada.

Dissemos que a sociedade propriamente histórica não consegue petrificar o tempo. Precisamos, agora, corrigir essa afirmação: ela dispõe de um instrumento eficaz para isso, qual seja, a ideologia. Na ideologia liberal, a petrificação é obtida por meio de uma ideia que parece contradizê-la, a de progresso. Ora, essa ideia possui um sentido preciso, qual seja, o passado contém em germe o presente, e este, o futuro, de maneira que o futuro ou a transformação já estão dados desde o início, e a totalidade do tempo está dominada (ou paralisada). Por seu turno, a ideologia neoliberal, assentada sobre a compressão espaçotemporal, a atopia e a acronia, descarta qualquer relação com o tempo, uma vez que sua temporalidade, dada pela velocidade de imagens efêmeras e fugazes, é desprovida de passado e de futuro, reduzida ao aqui e agora. E a forma mais espetacular de petrificação temporal se encontra na ideologia totalitária, uma vez que ela pretende que a sociedade, una e indivisa, teria propiciado o almejado fim da História.

7. A sociedade democrática

A ideia de sociedade propriamente histórica como trabalho histórico ou práxis social abre uma via para pensarmos o que aqui chamaremos de *sociedade democrática*.

Estamos acostumados a aceitar a definição liberal da democracia como regime da lei e da ordem para a garantia das liberdades individuais. Visto que o pensamento e a prática liberais identificam a liberdade com a ausência de obstáculos à competição, essa definição da democracia significa, em primeiro lugar, que a liberdade se reduz à competição econômica da chamada "livre iniciativa" e à competição política entre partidos que disputam eleições; em segundo, que há uma redução da lei à potência judiciária para limitar o poder político, defendendo a sociedade contra a tirania, pois a lei garante os governos escolhidos pela vontade da maioria; em terceiro, que há uma identificação entre a ordem e a potência dos poderes executivo e judiciário para conter os conflitos sociais, impedindo, em geral com o recurso à repressão, sua explicitação e seu desenvolvimento; e, em quarto lugar, que, embora a democracia apareça justificada como "valor" ou como "bem", é encarada, de fato, pelo critério da eficácia, medida, no plano legislativo, pela ação dos representantes, entendidos como políticos profissionais, e, no plano do poder executivo, pela atividade de uma elite de técnicos competentes aos quais cabe a direção do Estado, isto é, a democracia é a administração de muitos por poucos. A democracia é, assim, reduzida a um regime político eficaz, baseado na ideia de cidadania organizada em partidos políticos, e manifesta-se no processo eleitoral de escolha dos representantes, na rotatividade dos governantes e nas soluções técnicas para os problemas econômicos e sociais.

Ora, há na prática democrática e nas ideias democráticas uma profundidade e uma verdade muito maiores e superiores ao que o liberalismo percebe e deixa perceber.

Em linhas breves e gerais, podemos caracterizar a democracia ultrapassando a simples ideia de um regime político identificado à forma do governo e tomando-a como *forma geral de uma sociedade*. Assim, podemos considerá-la:

1. forma sociopolítica definida pelos princípios da isonomia (igualdade dos cidadãos perante a lei) e da isegoria (direito de todos para expor em público suas opiniões, vê-las discutidas, aceitas ou recusadas em público), tendo como base a afirmação de que todos são iguais porque livres, isto é, ninguém está sob o poder de um outro porque todos obedecem às mesmas leis das quais todos são autores (autores diretamente, numa democracia participativa; indiretamente, numa democracia representativa). Donde o maior problema da democracia numa sociedade de classes ser o da manutenção de seus princípios – igualdade e liberdade – sob os efeitos da desigualdade real;

2. forma sociopolítica na qual, ao contrário de todas as outras, o conflito é considerado legítimo e necessário, buscando mediações institucionais para que possa exprimir-se. A democracia não é o regime do consenso, mas do trabalho dos conflitos e sobre os conflitos. Donde uma outra dificuldade democrática nas sociedades de classes: como operar com os confli-

tos quando estes possuem a forma da contradição e não a da mera oposição?;

3. forma sociopolítica que busca enfrentar as dificuldades anteriormente apontadas conciliando os princípios da igualdade e da liberdade e a existência real das desigualdades, bem como o princípio da legitimidade do conflito e a existência de contradições materiais, introduzindo, para isso, a ideia dos direitos (econômicos, sociais, políticos e culturais). Graças aos direitos, os desiguais conquistam a igualdade, entrando no espaço político para reivindicar a participação nos direitos existentes e sobretudo para criar novos direitos. Esses são novos não simplesmente porque não existiam anteriormente, mas porque são diferentes daqueles que existem, uma vez que fazem surgir, como cidadãos, novos sujeitos políticos que os afirmaram e os fizeram ser reconhecidos por toda a sociedade;

4. forma sociopolítica fundada na ideia de autonomia: graças à ideia e à prática da criação de direitos, a democracia não define a liberdade apenas pela ausência de obstáculos externos à ação, mas a define pela capacidade de os sujeitos sociais e políticos darem a si mesmos suas próprias normas e regras de ação (auto-

nomia). Passa-se, portanto, de uma definição negativa da liberdade – o não obstáculo ou o não constrangimento externo – a uma definição positiva – dar a si mesmo suas regras e normas de ação. A liberdade possibilita aos cidadãos instituir contrapoderes sociais por meio dos quais interferem diretamente no poder com reivindicações e controle das ações estatais;

5. única forma sociopolítica na qual o caráter popular do poder e das lutas tende a evidenciar-se nas sociedades de classes, na medida em que os direitos só ampliam seu alcance ou só surgem como novos pela ação das classes populares contra a cristalização jurídico-política que favorece a classe dominante. Em outras palavras, a marca da democracia moderna, permitindo sua passagem da democracia liberal à democracia social, encontra-se no fato de que somente as classes populares e os excluídos (as "minorias") reivindicam direitos e criam novos direitos;

6. forma política na qual a distinção entre o poder e o governante é garantida não só pela presença de leis e pela divisão de várias esferas de autoridade, mas também pela existência das eleições, pois estas (contrariamente do que afirma a ciência política) não sig-

nificam mera "alternância no poder", mas assinalam que o poder está sempre vazio, que seu detentor é a sociedade e que o governante apenas o ocupa por haver recebido um mandato temporário para isso. Em outras palavras, os sujeitos políticos não são simples votantes, mas eleitores. Eleger significa não só exercer o poder, mas manifestar a origem do poder, repondo o princípio afirmado pelos romanos quando inventaram a política: eleger é "dar a alguém aquilo que se possui, porque ninguém pode dar o que não tem", isto é, eleger é afirmar-se soberano para escolher ocupantes temporários do governo.

Dizemos que uma sociedade é democrática quando *institui direitos*.

Um *direito* difere de uma necessidade ou carência, de um interesse e de um privilégio. De fato, uma necessidade ou carência é algo particular e específico. Um grupo social pode ter carência de transportes; outro, de hospitais; outro, de escolas etc. Um interesse também é algo particular e específico, dependendo do grupo ou da classe social que o deseja ou o defende. Necessidades ou carências, assim como interesses, tendem a ser conflitantes porque exprimem as especificidades de diferentes grupos e classes sociais. Um privilégio, por definição, também é algo particular e específico, pois, se fosse algo geral, deixaria de ser privilégio. Um direito, porém, ao contrário de necessidades, carências, interesses e privilégios, não é particular e específico, mas geral e universal, válido para todos os indivíduos, grupos e classes sociais ou reconhecido universalmente como válido para uma classe ou um grupo social quando, sob algo específico ou particular, está pressuposto algo de valor universal. Por exemplo, a carência de água e comida manifesta algo mais profundo: o direito à vida; a carência de moradia, transporte, hospital e escola também manifesta algo mais profundo: o direito a boas condições de vida. Da mesma maneira, o interesse, por exemplo, dos estudantes exprime algo mais profundo: o direito à educação e à informação. Em outras palavras, se tomarmos as diferentes carências e os diferentes interesses veremos que sob eles estão pressupostos direitos. Assim também com direitos que se referem a um grupo específico, mas cujo reconhecimento é universal, por exemplo, os direitos das etnias sob os quais se encontra o direito universal à diferença; ou o direito de escolha da sexualidade, sob o qual se encontra o direito à liberdade.

Dizemos, então, que uma sociedade é democrática quando a instituição de direitos é uma criação social, de tal maneira que a atividade democrática social realiza-se como dinamismo de contrapoderes sociais que abrem e ampliam campos de conflito e luta como necessários e legítimos, por intermédio dos quais os sujeitos sociais atuam sobre a divisão social e não se deixam vencer por ela.

Essa dimensão criadora torna-se visível quando consideramos os três grandes direitos que definiram a democracia desde sua origem, isto é, a igualdade, a liberdade e a participação nas decisões.

A igualdade declara que, perante as leis e os costumes da sociedade política, todos os cidadãos possuem os mesmos direitos e devem ser tratados da mesma maneira. Ora, a evidência história nos ensina que a mera declaração do direito à igualdade não faz existir os iguais. Seu sentido e importância encontra-se no fato de que ela abriu o campo para a criação da igualdade por meio das exigências e demandas dos sujeitos sociais. Por sua vez, a liberdade declara que todo cidadão tem o direito de expor em público seus interesses e suas opiniões, vê-los debatidos pelos demais e aprovados ou rejeitados pela maioria, devendo acatar a decisão tomada publicamente. Ora, aqui também a simples declaração do direito à liberdade não a institui concretamente, mas abre o campo histórico para a criação desse direito pela prática política. Tanto é assim que a Modernidade agiu de maneira a ampliar a ideia de liberdade: além de significar liberdade de pensamento e de expressão, também passou a significar o direito à independência para escolher o ofício, o local de moradia, o tipo de educação, o cônjuge etc. As lutas políticas fizeram com que, em 1789, um novo sentido viesse acrescentar-se aos anteriores quando se determinou que todo indivíduo é inocente até prova em contrário, que a prova deve ser estabelecida perante um tribunal e que a liberação ou punição devem ser dadas segundo a lei. A seguir, com os movimentos socialistas, acrescentou-se à liberdade o direito de lutar contra todas as formas de tirania, censura e tortura e contra todas as formas de exploração e dominação social, econômica, cultural e política. Finalmente, o mesmo se passou com o direito à participação no poder, que declara que todos os cidadãos têm o direito de participar das discussões e deliberações públicas, votando ou revogando decisões. O significado desse direito só se tornou explícito com as lutas democráticas modernas, ao evidenciarem que nele é afirmado que, do ponto de vista político, todos os cidadãos têm competência para opinar e decidir, pois a política não é uma questão técnica (eficácia administrativa e militar) nem científica (conhecimentos especializados sobre administração e guerra), mas ação coletiva, isto é, decisão coletiva quanto aos interesses e direitos da própria sociedade.

A abertura do campo dos direitos, que define a democracia, explica por que as lutas populares por igualdade e liberdade puderam ampliar os direitos políticos (ou civis) e, a partir destes, criar os direitos sociais – trabalho, moradia, saúde, transporte, educação, lazer, cultura –, os direitos das chamadas "minorias" – mulheres, idosos, negros, homossexuais, crianças, índios –, o direito à segurança planetária – as lutas ecológicas e contra as armas nucleares –, e, hoje, o direito contra as manipulações da engenharia genética. Por seu turno, as lutas populares por participação política ampliaram os direitos civis: direito de opor-se à tirania, à censura, à tortura, direito de fiscalizar o Estado por meio de organizações da sociedade (associações, sindicatos, partidos políticos); direito à informação pela publicidade das decisões estatais.

Pela criação dos direitos, a democracia surge como a única formação social que não teme o tempo, mas está realmente aberta à temporalidade, uma vez que faz surgir o novo como modo de sua existência. A temporalidade não é apenas constitutiva de seu modo de ser, mas é assumida como tal pelos sujeitos sociais que, em lugar de pretender petrificá-la numa forma fixa, não cessam de trabalhar suas divisões e diferenças internas, de orientar-se pela práxis como ação instituinte.

OUVINDO OS TEXTOS

Texto 1. Aristóteles (384-322 a.C.), *O ser humano é naturalmente ordenado à política e à justiça*

O ser humano é um animal político, mais do que qualquer abelha ou qualquer animal gregário. Afinal, a Natureza não faz nada em vão; ora, somente o homem, entre os animais, possui uma linguagem. A voz sinaliza o doloroso e o agradável, e sob esse aspecto também a encontramos nos animais; a natureza deles, com efeito, chegou ao ponto de experimentar a sensação do doloroso e do agradável, significando-os em correlação mútua. A linguagem, porém, existe para manifestar o vantajoso e o nocivo, e, por conseguinte, o justo e o injusto. Há, então, apenas isto de característico do ser humano, em contraposição aos animais: somente os humanos têm a percepção do bem, do mal, do justo, do injusto e das outras noções desse gênero. O fato de ter essas noções em comum dá origem à família e à cidade.

Além disso, uma cidade é por natureza anterior a uma família e a cada um de nós. O todo, com efeito, é necessariamente anterior à parte, porque, por exemplo, uma vez destruído o corpo, não há mais nem pé nem mão, a não ser por homonímia, como quando falamos de uma mão de pedra, e assim será uma mão depois da morte, pois todas as coisas definem-se por sua função e sua propriedade, de modo que quando elas não as têm mais, não convém dizer que elas são as mesmas, mas que elas só têm o mesmo nome. Assim, está claro que a cidade é, ao mesmo tempo, natural e anterior a cada um de seus membros. Se é verdade que cada um tomado separadamente não é autossuficiente, então cada um se encontrará na mesma situação em referência ao todo, ao passo que aquele que não é capaz de pertencer a uma comunidade ou que dela não tem necessidade porque se basta a si mesmo não é em nada parte de uma cidade, mas um animal ou um deus. É, então, por natureza que há em todos os humanos a tendência para uma comunidade desse tipo, e o primeiro que a estabeleceu foi para ela causa dos maiores bens. Do mesmo modo como um humano completo é o melhor dos animais, também é o pior de todos quando rompe com a lei e a justiça. A mais terrível das injustiças é aquela das armas. Ora, o ser humano nasce provido de armas para adquirir prudência e virtude, mas é o pior dos animais em seus desregramentos sexuais e glutões. A virtude da justiça é política, pois a justiça introduz uma ordem na comunidade política e demarca o justo e o injusto.

> ARISTÓTELES, *Política* I, 2, 1253a7-39. Trad. Juvenal Savian Filho, com base na edição francesa de Pierre Pellegrin (Paris: Flammarion, 1990, pp. 91-3).

Texto 2. Thomas Hobbes (1588-1679), *A vida em sociedade surge para conter a luta de todos contra todos*

O fim último, causa final e desígnio dos homens (que amam naturalmente a liberdade e o domínio sobre os outros), ao introduzir aquela restrição sobre si mesmos sob a qual os vemos viver nos Estados, é o cuidado com sua própria conservação e com uma vida mais satisfeita. Quer dizer, o desejo de sair daquela mísera condição de guerra que é a consequência necessária (conforme se mostrou) das paixões naturais dos homens, quando não há um poder visível capaz de os manter em respeito, forçando-os, por medo do castigo, ao cumprimento de seus pactos e ao respeito àquelas leis de natureza que foram expostas nos capítulos décimo quarto e décimo quinto [o direito natural à liberdade e à possibilidade de renunciar livremente aos próprios direitos em prol de outrem; a lei natural da justiça, da gratidão, da acomodação mútua ou complacência, da facilidade em perdoar, de que nas vinganças se considere apenas o bem futuro, de ser contra a insolência, de ser contra o orgulho, de ser contra a arrogância, de promover a equidade, do uso igual das coisas comuns, da divisão, da primogenitura e da primeira posse, dos mediadores, da submissão à arbitragem, de ninguém poder ser seu próprio juiz, de ninguém pode ser juiz quando tem alguma causa natural de parcialidade, do testemunho]. [...] A única maneira de instituir um tal poder comum, capaz de defendê-los das invasões dos estrangeiros e das injúrias uns dos outros, garantindo-lhes assim uma segurança suficiente para que, mediante seu próprio labor e graças aos frutos da terra, possam alimentar-se e viver satisfeitos, é conferir toda sua força e poder a um homem, ou a uma assembleia de homens, que possa reduzir suas diversas vontades, por pluralidade de votos, a uma só vontade. O que equivale a dizer: designar um homem ou uma assembleia de homens como representante de suas pessoas, considerando-se e reconhecendo-se cada um como autor de todos os atos que aquele que representa sua pessoa praticar ou levar a praticar, em tudo o que disser respeito à paz e segurança comuns; todos submetendo assim suas vontades à vontade do representante, e suas decisões a sua decisão. [...] Feito isto, à multidão assim unida numa só pessoa se chama Estado, em latim *civitas*. É esta a geração daquele grande Leviatã, ou antes (para falar em termos mais reverentes) daquele *Deus Mortal*, ao qual devemos, abaixo do *Deus Imortal*, nossa paz e defesa. [...] Àquele que é portador dessa pessoa se chama *soberano*, e dele se diz que possui *poder soberano*. Todos os restantes são *súditos*.

HOBBES, T. *Leviatã*, cap. XVII. Trad. João Paulo Monteiro e Maria Beatriz Nizza da Silva. São Paulo: Abril Cultural, 1974. Col. "Os Pensadores" (adaptação de Juvenal Savian Filho).

Texto 3. Blaise Pascal (1623-1662), *Ao poder convém ocultar sua origem*

Há, sem dúvida, leis naturais, mas a bela razão corrompida a tudo corrompeu [...]. Dessa confusão decorre que um diz ser a essência da justiça a autoridade do legislador; outro, a comodidade do soberano; outro, o costume presente; mas isto é o mais seguro: nada, seguindo apenas a razão, é justo por si; tudo vacila com o tempo; o costume forma toda a equidade, pela simples razão de que ela é recebida: eis o fundamento místico de toda autoridade. Quem a queira reconduzir a seu princípio a reduz a nada. Nada é mais equivocado do que essas leis que corrigem os erros. Quem as obedece porque elas são justas obedece à justiça que imagina, mas não à essência da lei. Ela é autorreferente; é lei, e nada mais. Quem quiser examinar o seu motivo, verá que é tão frágil e tão fluido que, se não estiver acostumado a contemplar os prodígios da imaginação humana, ficará admirado que um século lhe tenha dado tanta pompa e reverência. A arte de criticar a autoridade, estremecer os Estados, está em enfraquecer os costumes estabelecidos, sondando até sua fonte para marcar sua falta de autoridade e de justiça. "É preciso, dizem, recorrer às leis fundamentais e primitivas do Estado que um costume injusto aboliu." É um jogo seguro para perder tudo; nada será justo nessa balança. Entretanto, o povo dá facilmente ouvidos a esses discursos; eles balançam o jugo desde que o reconhecem, e os Grandes aproveitam-se disso para sua ruína e para aquela desses curiosos examinadores dos costumes recebidos. Donde o mais sábio dos legisladores ter dito que para o bem dos homens é preciso frequentemente ludibriá-los. E um outro, bom político: *Cum veritatem qua liberatur ignoret, expedit quod fallatur* [Já que ignora a verdade pela qual seria libertado, merece ser enganado]. Não convém que se sinta a verdade da usurpação; em um tempo passado ela foi introduzida sem razão, mas tornou-se razoável. É preciso vê-la como autêntica, eterna, e ocultar seu começo se não se quer que ela logo termine.

PASCAL, B. *Pensamentos*, n. 60. Trad. Juvenal Savian Filho, a partir da edição de Léon Brunschvicg (Paris: Garnier, 1925).

Texto 4. Jean-Jacques Rousseau (1712-1778), *O contrato social*

Cada um, dando-se a todos, não se dá a ninguém, e, como não existe um associado sobre o qual não se adquira o mesmo direito que se lhe cede sobre si mesmo, ganha-se o equivalente de tudo o que se perde e mais força para conservar o que se tem. Se pois retirarmos do pacto social o que não é de sua essência, veremos que ele se reduz aos seguintes termos: *cada um de nós põe em comum sua pessoa e todo seu poder sob a suprema direção da vontade geral; e recebemos, coletivamente, cada membro como parte indivisível do todo.* Imediatamente em vez da pessoa particular de cada contratante, esse corpo de associação produz um corpo moral e coletivo composto de tantos membros quantos são os votos da assembleia, o qual recebe, por esse mesmo ato, sua unidade, seu eu comum, sua vida e sua vontade. Essa pessoa pública, assim formada pela união de todas as demais, tomava outrora o nome de *Cidade*, e hoje o de *República* ou de corpo político, o qual é chamado por seus membros de *Estado* quando passivo, *soberano* quando ativo e *Potência* quando comparado aos seus semelhantes. Quanto aos associados, eles recebem coletivamente o nome de *povo* e se chamam, em particular, *cidadãos*, enquanto participantes da autoridade soberana, e *súditos*, enquanto submetidos às leis do Estado. Esse termos, porém, confundem-se amiúde e são tomados um pelo outro; basta saber distingui-los quando empregados em toda sua precisão.

ROUSSEAU, J.-J. *O contrato social*. Trad. Antonio de Pádua Danesi. São Paulo: Martins Fontes, 1999, pp. 21-2.

Texto 5. Karl Marx (1818-1883) e Friedrich Engels (1820-1895), *A divisão do trabalho*

A divisão do trabalho implica a contradição do interesse do indivíduo isolado ou da família isolada e o interesse coletivo de todos os indivíduos que mantêm relações entre si; e, ainda mais, esse interesse comunitário não existe somente, digamos, na representação, como "universal", mas primeiramente na realidade concreta, como dependência recíproca dos indivíduos entre os quais o trabalho é dividido. Enfim, a divisão do trabalho nos oferece imediatamente o primeiro exemplo do seguinte fato: enquanto os homens permanecerem na sociedade natural, portanto, enquanto há cisão entre o interesse particular e o interesse comum, enquanto portanto também a atividade não é dividida voluntariamente, mas sim naturalmente, a própria ação do homem se transforma para ele em força estranha, que a ele se opõe e o subjuga, em vez de ser por ele dominada. Com efeito, a partir do instante em que o trabalho começa a ser dividido, cada um tem uma esfera de atividade exclusiva e determinada, que lhe é imposta e da qual ele não pode fugir; ele é caçador, pescador, pastor ou crítico, e deverá permanecer assim se não quiser perder seus meios de sobrevivência. [...] É justamente esse conflito entre o interesse particular e o interesse coletivo que leva o interesse a tomar, na qualidade de *Estado*, uma forma independente, separada dos interesses reais do indivíduo e do conjunto e a fazer ao mesmo tempo as vezes de comunidade ilusória, mas sempre tendo por base concreta os laços existentes em cada agrupamento familiar e tribal, tais como laço de sangue, língua, divisão do trabalho em uma larga escala, e outros interesses; e entre esses interesses encontramos particularmente [...] os interesses das classes já condicionadas pela divisão do trabalho, que se diferenciam em todo agrupamento desse gênero e no qual uma domina todas as outras. Segue-se que todas as lutas no âmbito do Estado, a luta entre a democracia, a aristocracia e a monarquia, a luta pelo direito de voto etc., nada mais são do que formas ilusórias sob as quais são travadas as lutas efetivas entre as diferentes classes.

> MARX, K. & ENGELS, F. *A ideologia alemã*. Trad. Luís Claudio de Castro e Costa. São Paulo: Martins Fontes, 2001, pp. 28-9.

Texto 6. Friedrich Nietzsche (1844-1900), *O Estado existe para os supérfluos*

Em algum lugar há ainda povos e rebanhos, mas não entre nós, meus irmãos: aqui há Estados. Estado? O que é isso? Pois bem! Agora abri-me vossos ouvidos, pois agora vos direi minha palavra da morte dos povos. Estado chama-se o mais frio de todos os monstros frios. Friamente também ele mente: e esta mentira rasteja de sua boca: "Eu, o Estado, sou o povo." É mentira! Criadores foram os que criaram os povos e suspenderam uma crença e um amor sobre eles: assim serviam à vida. Aniquiladores são aqueles que armam ciladas para muitos e as chamam de Estado: suspendem uma espada e cem apetites sobre eles. Onde ainda há povo, ali o povo não entende o Estado e o odeia como olhar mau e pecado contra costumes e direitos. Este signo eu vos dou: cada povo fala sua língua de bem e mal: esta o vizinho não entende. Sua própria língua ele inventou para si em costumes e direitos. Mas o Estado mente em todas as línguas de bem e mal; e, fale ele o que for, ele mente – e o que quer que ele tenha, ele roubou. Falso é tudo nele; com dentes roubados ele morde, esse mordaz. Falsas são até mesmo suas vísceras. Confusão de línguas de bem e mal: este signo vos dou como signo do Estado. Em verdade, é a vontade de morte que esse signo indica! Em verdade, ele acena aos pregadores da morte! São demasiado muitos os que nascem: para os supérfluos foi criado o Estado!

NIETZSCHE, F. *Assim falou Zaratustra*. Trad. Rubens Rodrigues Torres Filho. In: NIETZSCHE. *Obras incompletas*. São Paulo: Abril Cultural, 1999, pp. 216-7.

Texto 7. Claude Lefort (1924-2010), *A democracia é o único regime que assume a divisão*

[Entrevista com Martin Legros, para a *Philosophie Magazine*, em abril de 2009]

ML: Na sua opinião, a democracia moderna põe os homens diante de uma indeterminação radical. Ao mesmo tempo, ela implica o risco do niilismo...

CL: A democracia institui-se e mantém-se na dissolução das referências da certeza. Ela inaugura uma história na qual os homens experimentam uma indeterminação última quanto aos fundamentos do Poder, da Lei e do Saber em todos os registros da vida social. A liberação da palavra, própria da experiência democrática, vai junto com um poder de investigação sobre o que, em outras épocas, era excluído como indigno de ser pensado ou percebido, abrindo assim novas riquezas para a Literatura, mas também para a História, a Antropologia, a Psicanálise... [...] Isso está ligado à experiência de uma sociedade que faz jus à diversidade e ao conflito. Para além da Literatura, o reconhecimento da liberdade da palavra engloba uma injunção, feita a todo indivíduo, de assumir seus direitos, quer dizer, de ter direito a seus pensamentos, de aceitar o outro em si. O nascimento do espaço público coincide com a abertura do campo do dizível e do pensável. Mas, é verdade, esse mesmo direito a tudo acolher abre caminho ao relativismo e ao niilismo: a democracia faz pesar uma ameaça sobre a liberdade quando suscita a ilusão de que tudo é dizível e manipulável. Ela faz pesar ainda uma ameaça sobre a igualdade quando suscita a ilusão de que a diferença dos lugares só depende da convenção ou quando reduz a autoridade a uma função utilitarista.

ML: Uma das originalidades de sua reflexão sobre o poder está ligada à importância que nela toma a questão do corpo. O senhor fala de processo de incorporação no totalitarismo e de desincorporação na democracia. De onde lhe veio essa atenção aos papéis do corpo na política?

CL: Sem dúvida da obra de Merleau-Ponty, que como ninguém interrogou o corpo. Massa interiormente trabalhada, diz ele, o corpo é atravessado por uma diferença de si a si. Vendo, ele é ao mesmo tempo visível; tocando, é ao mesmo tempo tocado; falando, é audível;

sentido, é sensível – tudo isso sem que jamais os dois polos possam coincidir. Essa noção de um redobro do dentro e do fora permite repensar o conjunto do espaço e do mundo visíveis, mesmo estando fora de questão uma transposição pura e simples do que se passa com os corpos naturais no corpo político. Também me inspirou a leitura de Etienne de la Boétie (1530-1575). Eu tinha me encaminhado para a ideia de servidão voluntária em meus trabalhos sobre o totalitarismo, e eis que a descubro no *Discurso sobre a servidão voluntária* de La Boétie associada à imagem do corpo do rei: "Aquele que tanto vos domina, declara La Boétie, não tem mais que dois olhos, duas mãos, um corpo, e nada mais do que tem o menor homem no grande e infinito número de vossas cidades, a não ser a vantagem que lhe dais para vos destruir. Onde tomou ele tantos olhos com os quais vos espia se vós não lhe destes esses olhos? Como tem ele tantas mãos para vos bater se não as tomou de vós mesmos? Como tem ele algum poder sobre vós senão por vós mesmos?". La Boétie sugere que o povo se encontra sob o domínio de um charme, o charme do Uno, ligado à visão do corpo do tirano sobre o qual se projetam os olhares de todos e no qual se incorpora a sociedade. Como não ver aí uma formidável antecipação da descrição feita por George Orwell (1903-1950) do universo totalitário? Diferentemente de todos os regimes anteriores, a democracia faz do poder um lugar vazio e inapropriável; ele faz fracassar a imagem de uma sociedade organicamente unida.

ML: O senhor vai participar de um fórum intitulado "Reinventar a democracia". Podemos dizer que está em crise a democracia que o senhor defendeu em face do totalitarismo?

CL: Raramente nossa democracia esteve tão frágil. As linhas de separação necessárias entre as grandes correntes de opinião estão muito mais opacas. Ora, a democracia caracteriza-se essencialmente pela fecundidade do conflito. Ela é esse regime único que, ao contrário da lógica unitária própria de todas as outras formas de sociedade, assume a divisão. O agenciamento de uma cena política sobre a qual se produz a competição pelo poder vale, com efeito, a legitimação do conflito sob todas as suas formas; ela faz aparecer a divisão como constitutiva da unidade mesma da sociedade. Hoje, a divisão social é menos evidente. No nível político, como no nível sindical, alguma coisa foi perdida da fecundidade, da combatividade, da efervescência dos conflitos. O sentido de uma orientação da História faz falta. O termo "decomposição" é, sem dúvida, muito forte, mas há do que se inquietar quando se vê surgir um desemprego de massa e uma grande pobreza sem que essa situação consiga relançar a mobilização. Uma sociedade democrática cujas articulações e linhas de desenvolvimento não são mais decifráveis corre o risco de jogar um número crescente de indivíduos no salve-se quem puder e de provocar uma busca furiosa de ordem e certeza, beneficiando novos demagogos.

> LEFORT, C. "La démocratie est le seul régime qui assume la division". Entrevista com Michel Legros. In: *Philosophie Magazine,* Paris, n. 29, abril 2009. Trad. Juvenal Savian Filho.

EXERCITANDO A REFLEXÃO

1. Questões para você explorar melhor o tema:

1.1. Exponha os argumentos que foram empregados na história da Filosofia para afirmar que o ser humano é naturalmente social, com destaque para a teoria de Augusto Comte.

1.2. Como as contribuições da Antropologia Social permitiram problematizar a tese de que o ser humano é naturalmente social?

1.3. É correto dizer que, na visão de Aristóteles, o ser humano é naturalmente social? Explique.

1.4. Qual a importância teórica da observação feita por Lévi-Strauss de que o incesto é universalmente proibido nos grupos sociais?

1.5. Como as contribuições de Durkheim e Weber permitiram mudar o debate em torno da naturalidade ou institucionalidade do ser social?

1.6. Da perspectiva da distinção sociológica entre comunidade e sociedade, é possível dizer que, na Idade Média, operava-se mais com uma noção de comunidade do que de sociedade? Justifique sua posição recorrendo à distinção entre direito natural subjetivo e objetivo.

1.7. Qual problema teórico a concepção sociológica da sociedade enfrenta? Explique como, na Antiguidade, indicações de solução a esse problema foram dadas pelas teorias da agricultura e da lei civil.

1.8. Quais as noções que os teóricos da vida social introduziram a partir do século XVII?

1.9. Compare a explicação de Thomas Hobbes e a de Jean-Jacques Rousseau para o surgimento da sociedade.

1.10. Complemente sua resposta à questão 9 introduzindo a noção de direito natural.

1.11. Qual a novidade metodológica de Karl Marx e Friedrich Engels na interpretação da origem da vida social?

1.12. Como a distinção entre meios sociais de produção e forças produtivas permite a Marx e Engels explicar a origem da sociedade?

1.13. Distinga, segundo o pensamento de Marx e Engels, os períodos históricos ocidentais e as características específicas correspondentes aos modos de produção comunitário, feudal e capitalista.

1.14. Qual o sentido de chamar o trabalhador assalariado de "trabalhador livre" no contexto capitalista?

1.15. Qual o sentido da ênfase no indivíduo para a imagem que as sociedades modernas, capitalistas, fazem de si mesmas?

1.16. Relacione as ideias de "aparecer da sociedade" e "ser da sociedade".

1.17. Como o "aparecer da sociedade" leva à concepção de que a sociedade é composta de indivíduos e, daí, ao liberalismo?

1.18. Qual seria o equívoco sociológico ao falar de mobilidade social?

1.19. Relacione as posições de Aristóteles, Maquiavel e Marx no tocante à divisão social.

1.20. Sob quais formas opera a chamada ideologia burguesa? Contraponha a cada uma delas a crítica de Marx.

1.21. Relacione a ideologia liberal, o emprego da ideia de nação e as mudanças no padrão do consumo em escala planetária.

1.22. Qual o núcleo da concepção de neoliberalismo?

1.23. Sintetize a nova ideologia da era pós-industrial.

1.24. Sintetize a nova forma de consumo da era pós-industrial.

1.25. O que seria a ficção liberal e a ficção comunista segundo Lefort? Qual o ponto comum entre ambas?

1.26. O que seria uma sociedade totalitária? Quais as imagens usadas pela ideologia do totalitarismo?

1.27. Por que Merleau-Ponty rejeita a diferença entre fato e ideia? Como essa rejeição interfere na concepção da sociedade?

1.28. Por que a historicidade é uma questão complexa do ponto de vista teórico?

1.29. Explique o que chamamos de "problema da História" e mostre por que o advento da sociedade é mais bem designado como "trabalho".

1.30. Exponha sinteticamente as seis características fundamentais da sociedade democrática, tal como apresentamos no capítulo 7.

1.31. Defina o que é um direito.

1.32. Comente os três grandes direitos em torno dos quais gira a ideia de democracia: igualdade, liberdade e participação.

1.33. Articule as noções de direito, democracia e temporalidade.

2. Praticando-se na análise de textos.

Releia os textos selecionados e encontre:

2.1. a razão pela qual Aristóteles afirma que a cidade é anterior aos indivíduos, e não o contrário;

2.2. o motivo de Hobbes chamar o Estado de grande "Leviatã";

2.3. o porquê de Pascal afirmar que, na política, é estratégico ocultar a origem da própria política;

2.4. o sentido de Rousseau chamar a República de "pessoa";

2.5. o motivo pelo qual Marx afirma que o Estado, tal como existe historicamente, resulta da luta entre classes;

2.6. qual a mentira básica que, segundo Nietzsche, seria propagada pelo Estado;

2.7. a articulação estabelecida por Claude Lefort entre indeterminação democrática, risco de niilismo, corpo, ilusão de unidade e crise da democracia.

3. Algumas questões abertas para você refletir:

3.1. Pesquise a origem do lema "Ordem e Progresso", inscrito na bandeira do Brasil, e relacione-o com o tema da vida social aqui apresentado.

3.2. Pesquise o funcionamento das cidades-Estados gregas (a *pólis*) e releia o final do Capítulo 1 deste livro, a fim de melhor compreender o modelo de organização sociopolítica que Aristóteles tinha em mente.

3.3. Pesquise o modo como, na Antiguidade e na Idade Média, falava-se de "indivíduo". Entre os medievais, por exemplo, era primordial conceber o ser humano como indivíduo, no sentido de cada pessoa ser a sede de sua liberdade, de suas decisões, de sua autodeterminação. Em seguida, pesquise o modo como se passa a falar de "indivíduo" na Idade Moderna e na Contemporaneidade. Por fim, responda: é correto dizer que, nas sociedades capitalistas, em vez de ênfase no indivíduo como pessoa, há uma defesa do individualismo?

3.4. Pesquise os sentidos e as diferenças dos termos "indivíduo" e "pessoa". Uma fonte recomendável para uma pesquisa inicial é o *Dicionário de filosofia*, de Ferráter Mora, Edições Loyola.

3.5. Feitas as pesquisas indicadas nos itens 3.3 e 3.4, responda: que elementos você poria em destaque para compreender o individualismo acentuado que vivemos em nossos dias? Ou você não concorda que nossas formas de vida sejam individualistas? Justifique.

3.6. Faça uma pesquisa sobre outras formas de conceber a sociedade e procure encontrar nelas elementos para discordar da interpretação marxista e, ao mesmo tempo, sustentar que essas outras formas não caracterizam ideologias burguesas.

3.7. Informe-se sobre os conflitos europeus relacionados à imigração e relacione-os com a crítica marxista da ideia de "nação". Depois de fazer essa correlação, tome posição própria.

3.8. Procure aprofundar seu conhecimento sobre o liberalismo ou a teoria político-social liberal. Contraponha-a ao marxismo.

3.9. Você concordaria em dizer que o marxismo recorre à história da sociedade, tal como se efetivou até hoje, a fim de compreendê-la, ao passo que o liberalismo opera com um ideal de sociedade, ou seja, uma teoria sobre como seria uma sociedade ideal?

3.10. Pesquise o que foi o fordismo.

3.11. Seria possível reinterpretar a história das sociedades e discordar da leitura marxista? Justifique.

3.12. Releia os textos 3 e 6 e reflita: é possível afirmar um certo tom cético no texto de Pascal (no sentido de uma desconfiança radical com relação à autenticidade dos poderes constituídos politicamente)? Haveria semelhanças entre o texto de Pascal e o texto de Nietzsche?

DICAS DE VIAGEM

Para você continuar sua viagem pelo tema do ser humano como ser social, sugerimos:

1. Assista aos seguintes filmes, tendo em mente o trabalho do pensamento desenvolvido neste livro:

1.1. *O enigma de Kasper Hauser* (*Jeder für sich und Gott gegen alle*), direção de Werner Herzog, Alemanha, 1974.

1.2. *1984* (*Nineteen Eight Four*), direção de Michael Radford, Inglaterra, 1984.

1.3. *Topazio* (*Topaz*), direção de Afred Hitchcock, EUA, 1969.

1.4. *O dinheiro* (*L'argent*), direção de Robert Bresson, França, 1983.

1.5. *Metropolis*, direção de Fritz Lang, Alemanha, 1927.

1.6. *Cidadão Kane* (*Citizen Kane*), direção de Orson Welles, EUA, 1941.

1.7. *Ser e ter* (*Être et avoir*), direção de Nicolas Philibert, França, 2002.

1.8. *Tempos modernos* (*Modern Times*), direção de Charles Chaplin, EUA, 1936.

1.9. *O grande ditador* (*The Great Dictator*), direção de Charles Chaplin, EUA, 1940.

1.10. *A lista de Schindler* (*Schindler's List*), direção de Steven Spielberg, EUA, 1993.

1.11. *Capitalismo, uma história de amor* (*Capitalism: a Love Story*), direção de Michael Moore, EUA, 2009.

1.12. *Tiros em Columbine* (*Bowling for Columbine*), direção de Michael Moore, EUA, Canadá e Alemanha, 2002.

1.13. *Lavoura arcaica*, direção de Luiz Fernando Carvalho, Brasil, 2001.

1.14. *Quanto vale ou é por quilo?*, direção de Sérgio Bianchi, Brasil, 2005.

1.15. *Estômago*, direção de Marcos Jorge, Brasil & Itália, 2007.

2. Algumas obras de literatura em que os temas da vida social e da estrutura de poder socioeconômico são abordados:
- **2.1.** *Antígona*, de Sófocles. Trad. Donaldo Schuler. Porto Alegre: L&PM, 2009.
- **2.2.** *Crime e castigo*, de Fiodor Dostoievski. Trad. Paulo Bezerra. São Paulo: Editora 34, 2009.
- **2.3.** *A revolução dos bichos*, de George Orwell. Trad. Heitor Aquino Ferreira. São Paulo: Companhia das Letras, 2007.
- **2.4.** *Cacau*, de Jorge Amado (várias edições).
- **2.5.** *Germinal*, de Émile Zola. Trad. Silvana Salerno. São Paulo: Companhia das Letras, 2000.
- **2.6.** *O estrangeiro*, de Albert Camus. Trad. Valerie Rumjanek. Rio de Janeiro: Record, 1997.
- **2.7.** *Às avessas*, de Joris-Karl Huysmans. Trad. José Paulo Paes. São Paulo: Penguin Companhia, 2007.
- **2.8.** *O lobo da estepe*, de Herman Hesse. Trad. Ivo Barroso. Rio de Janeiro: Record, 2000.
- **2.9.** *A hora da estrela*, de Clarice Lispector (várias edições).
- **2.10.** *A caverna*, de José Saramago. São Paulo: Companhia das Letras, 2000.

LEITURAS RECOMENDADAS

AGOSTINHO DE HIPONA. *A cidade de Deus*. Trad. J. Dias Pereira. Lisboa: Fundação Calouste Gulbenkian, 1991--1993. 2 vols.
Obra clássica do pensamento ocidental. Nela se encontram os fundamentos mais importantes do pensamento cristão sobre a sociedade e a História. O autor preocupa-se em refutar a ideia de que o Império Romano ruiu por causa do cristianismo e, ao fazê-lo, estabelece as bases do pensamento político cristão.

ARENDT, H. *Origens do totalitarismo*. Trad. Roberto Raposo. São Paulo, Companhia das Letras, 2007.
A filósofa alemã Hannah Arendt analisa a forma totalitária de governo e encontra em sua raiz uma organização burocrática de massas, o terror e a ideologia.

ARISTÓTELES. *Política*. Trad. Roberto Leal Ferreira. São Paulo: Martins Fontes, 1999.
Na obra encontram-se as reflexões que, juntamente com as de Platão, lançaram as bases do pensamento sociopolítico do Ocidente.

ARISTÓTELES. *Ética a Nicômaco*. Trad. Leonel Vallandro. São Paulo: Abril Cultural, 1974. Col. "Os Pensadores".
O autor procura desenvolver o que seria uma ciência do éthos, a ética. Obra de referência para o pensamento ético-sociopolítico.

CASTORIADIS, C. *A instituição imaginária da sociedade*. Trad. Guy Reynaud. Rio de Janeiro: Paz e Terra, 2007.
Castoriadis enfatiza a imaginação e o imaginário para propor que se desperte do "sono dogmático" do qual nem Marx teria escapado, uma ontologia "identitária", e que se atente para o caráter constantemente criativo da vida social.

CHAUI, M. *Cultura e democracia*. São Paulo: Cortez, 2011.
Coletânea de artigos em que a autora dedica-se aos temas da cultura e da democracia sob a perspectiva da ideologia, do autoritarismo, do neoliberalismo etc.

──────. *Brasil, mito fundador e sociedade autoritária*. São Paulo: Fundação Perseu Abramo, 2000.
Livro em que autora explora o mito no qual a "criação" do Brasil foi e continua envolvido, sobretudo no que se refere à ideia de uma sociedade pacata, democrática e gentil. Na realidade, como mostra a autora, a sociedade brasileira é permeada de relações profundamente autoritárias.

CÍCERO. *A República*. Trad. Amador Cisneiros. São Paulo: Abril Cultural, 1974. Col. "Os Pensadores".

Obra em que Marco Túlio Cícero estuda a República e propõe como melhor forma de governo uma combinação de aristocracia e governo popular. Cícero foi muito estimado pelos pensadores da Alta Idade Média e hoje é admirado por seu humanismo.

CLASTRES, P. *A sociedade contra o Estado*. Trad. Theo Santiago. São Paulo: Cosac Naify, 2012.

Coletânea de artigos construídos pelo autor em torno da ideia de que a sociedade pode prescindir do Estado.

COMTE, A. *Curso de filosofia positiva*. Trad. José Arthur Gianotti. São Paulo: Abril Cultural, 1974. Col. "Os Pensadores".

Obra em que Auguste Comte expõe sua conhecida tese sobre os três estágios da humanidade, extraindo dela consequências de grande importância histórica para a teoria do conhecimento, a política, a Sociologia etc.

DURKHEIM, É. *As regras do método sociológico*. Trad. Eduardo Brandão. São Paulo: Martins, 2007.

Baseado na concepção de fato social, o autor expõe regras para seu estudo.

HARVEY, D. *A condição pós-moderna*. Trad. Adail Ubirajara Sobral. São Paulo: Loyola, 1992.

O autor delineia o que chama de "pós-modernidade", condição vista mais como algo resultante da crise do capitalismo do que como uma nova era pós-capitalista ou pós-industrial.

HEGEL, G. W. *Filosofia do Direito*. Trad. Paulo Meneses (dir.). São Paulo: Loyola, 2010.

Obra de grande influência sobre o pensamento sociopolítico moderno, centrada no Direito abstrato e na proposta de distinção entre moralidade e eticidade (distinção essa que não se impôs historicamente).

HOBBES, T. *Leviatã*. Trad. João Paulo Monteiro e Maria Beatriz Nizza da Silva. São Paulo: Abril Cultural, 1974. Col. "Os Pensadores".

Uma das obras fundadoras do pensamento político moderno. Compara o Estado a um "deus mortal", um grande Leviatã.

KANT, I. *A paz perpétua*. Trad. Marco Zingano. Porto Alegre: L&PM, 2008.

Kant analisa o desejo e a viabilidade de paz perpétua, chegando a conceber um órgão responsável por velar por ela.

LEFORT, C. *A invenção democrática*. Trad. Isabel Maria Loureiro e Maria Leonor Loureiro. Belo Horizonte: Autêntica, 2012.

Obra central para conceber a democracia como regime que não se funda na ilusão da unidade, mas, ao contrário, inclui a divisão e não se associa com o governante.

LEFORT, C. *Desafios da escrita política.* Trad. Eliana de Melo Souza. São Paulo: Discurso, 1999.

O autor explora, nessa coletânea de ensaios, os vínculos entre filosofia política e escrita. Estuda autores Tocqueville, Sade, Guizot, Maquiavel, Orwell, Pierre Clastres, Salman Rushdie, Leo Strauss.

LÉVI-STRAUSS, C. *As estruturas elementares do parentesco.* Trad. Mariano Ferreira. Petrópolis: Vozes, 2010.

Nesse trabalho revolucionário da etnologia contemporânea, o autor analisa a proibição do incesto como meio positivo de assegurar a comunicação e o intercâmbio das mulheres entre os grupos, e vê nisso o critério de passagem da Natureza à cultura.

MAQUIAVEL, N. *O príncipe.* Trad. José Antonio Martins. São Paulo: Hedra, 2007.

Uma das obras fundadoras do pensamento sociopolítico moderno. Maquiavel serve-se de sua experiência na política da república de Florença e teoriza sobre as qualidades de que precisa o governante para manter-se no poder, entre elas o fazer-se temer, a repressão e a hipocrisia. Obra essencial para compreender a separa-

ção entre ética e política, característica do pensamento moderno.

MARX, K. *Contribuição à crítica da economia política*. Trad. Maria Helena Barreiro Alves. São Paulo: WMF Martins Fontes, 2011.

Estudando a mercadoria e o dinheiro, Marx, nessa obra, desenvolve sua teoria do valor e da moeda. Um dos estudos mais contundentes da lógica capitalista.

MARX, K. & ENGELS, F. *A ideologia alemã*. Trad. Luis Claudio de Castro e Costa. São Paulo: WMF Martins Fontes, 2007.

Primeira exposição sistemática dos autores sobre sua concepção materialista da História, tomando posição perante Hegel e os hegelianos, a religião e o Idealismo alemão.

MERLEAU-PONTY, M. *Fenomenologia da percepção*. Trad. Carlos Alberto Ribeiro de Moura. São Paulo: WMF Martins Fontes, 2011.

Talvez maior obra de Merleau-Ponty, a Fenomenologia da percepção *resulta da centralidade do corpo como percipiente e percebido, unidade e distinção que influenciará teorias políticas importantes como a de Claude Lefort.*

———. *Signos*. Trad. Maria Ermantina Galvão Pereira. São Paulo: Martins Fontes, 1991.

Coletânea de ensaios filosóficos centrados no tema da política; trata de questões como a relação entre cristianismo e Filosofia, o "imoralismo" de Maquiavel, marxismo e superstição, entre outras.

PLATÃO. *A República*. Trad. Anna Lia de Almeida Prado. São Paulo: Martins, 2006.

Obra fundadora da filosofia política ou do pensamento sociopolítico no Ocidente. A riqueza extraordinária de temas tratados na obra permitiu a Platão oferecer uma síntese de seu pensamento, fundamentando em aspectos ontológicos sua teoria sobre a justiça, a verdade e a felicidade.

ROUSSEAU, J.-J. *Discurso sobre a origem e os fundamentos da desigualdade entre os homens*. Trad. Paulo Neves. Porto Alegre: L&PM, 2008.

Uma das obras maiores do pensamento sociopolítico moderno, o Discurso estuda a desigualdade entre os seres humanos, da perspectiva de uma origem que explique seu sentido. Tal sentido é dado pela propriedade privada e o conflito entre o homem e a Natureza.

TOMÁS DE AQUINO. *Escritos políticos*. Trad. Francisco Benjamin de Souza Neto. Petrópolis: Vozes, 2011.

Exemplo de uma forma cristã de pensamento político, a filosofia de Tomás de Aquino é um caso típico que con-

cebe o poder de uma perspectiva da unidade, a mística do Uno, mas, curiosamente, não concentra essa unidade em quem ocupa o poder, mas na origem do poder, Deus e os fieis.

WEBER, M. *Economia e sociedade*. Trad. Regis Barbosa e Katen Elsabe. Brasília: UnB, 1994-1999. 2 vols.

Clássico maior das Ciências Sociais no século XX. Estabeleceu bases sobre as quais os cientistas sociais movem-se em grande parte até hoje, elaborando conceitos como a racionalização da sociedade, ação e relação social, a dominação, a sociologia do Direito etc.